↗ 刚刚毕业，即将加入平安

↘ 代表中国在美国百万圆桌会议会场当旗手

↗ 叶云燕当选为平安高峰会会长，马明哲先生亲自为其加冕

↙ 左起：平安人寿董事长丁当、平安集团董事长马明哲、平安集团首席保险业务执行官李源祥

↗ 与平安集团所有高管

↙ 中国平安个人客户经理暨高峰英雄巅峰会现场

荣誉

↗ 明欣团队本部早会现场

敬业

→ 叶云燕在为团队成员开早会

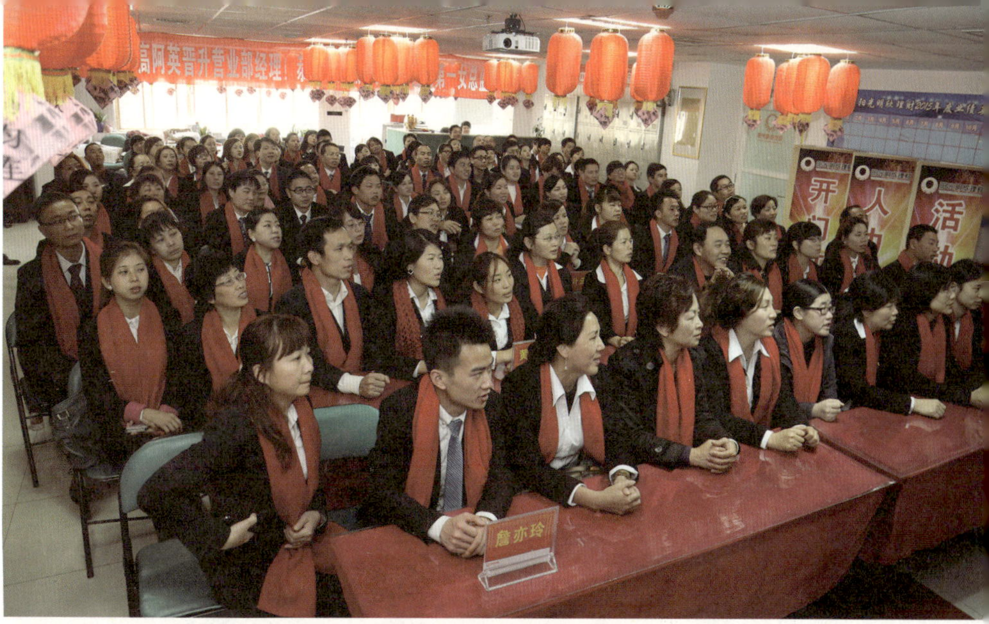
高阿英晋升营业部经理！
詹亦玲

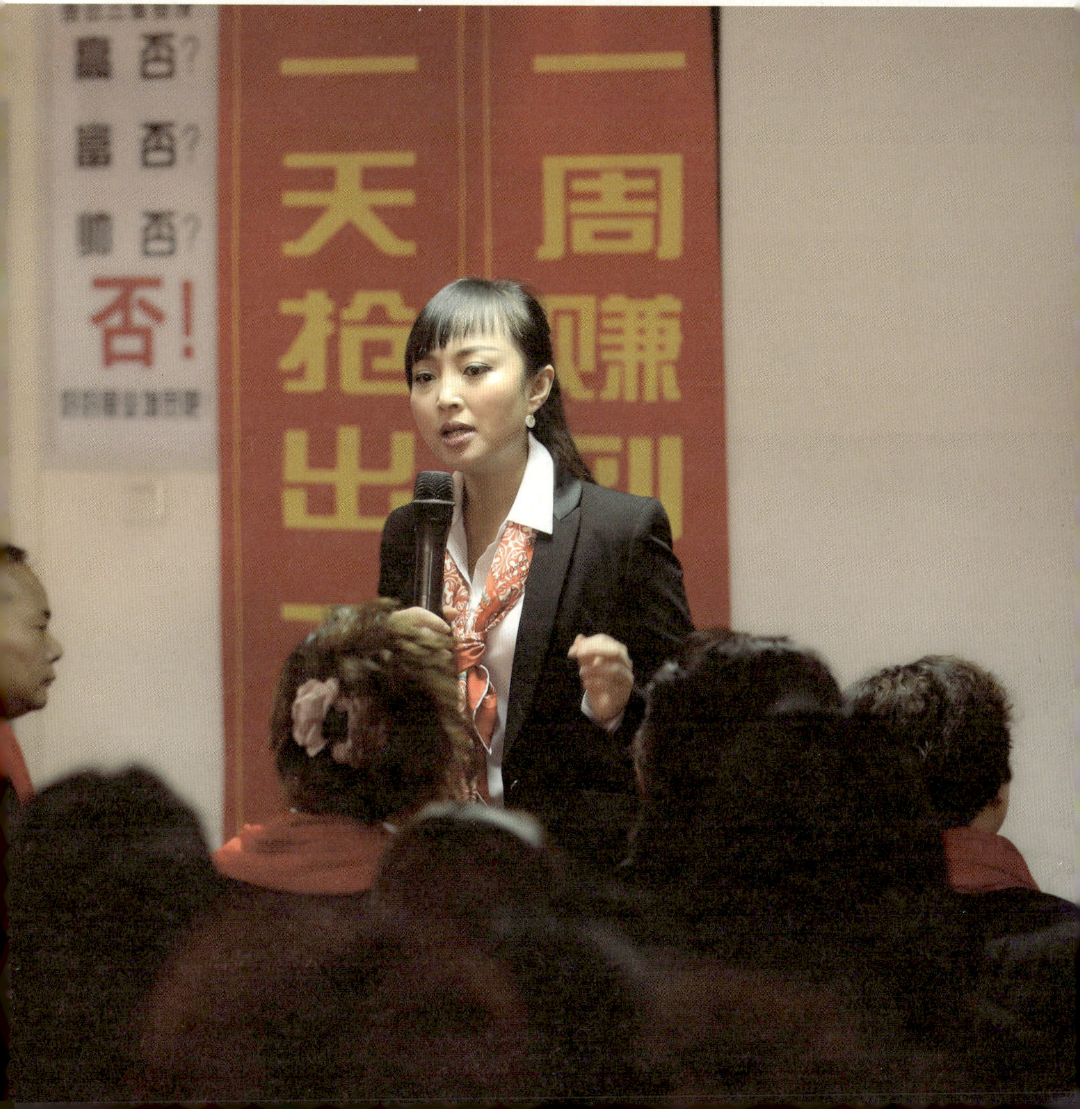
否！
一天抢出
一周赚

叶云燕 金牌讲师

↗ 中国保险冠军论坛金牌讲师

专业

↙ 叶云燕每次演讲都受到热烈追捧

↗ 2017年，为恒兴集团进行内部培训

↘ 左为恒兴集团工会主席洪超生先生

互助

2017年，厦门市宁德商会第四届第一次会员大会暨理（监）事就职典礼

↗ 当选为厦门市宁德商会常务副会长

↗ 左为厦门市宁德商会会长、燕之屋创始人黄健

↗ 明欣团队伙伴在"2015年叶云燕中秋私享博饼晚宴"当会务

感恩

↗ 明欣团队伙伴在"2016年叶云燕20年感恩盛典"当会务

↗ 家宴

↗ 生日宴

厦门大学管理学院EDP-董事长创新思维班（嘉庚班第二期）与吕鸿德教授合影

↗ 厦门大学管理学院嘉庚班二期同学

进取

厦门大学管理学院EDP-董事长创新思维班（嘉庚班第二期）与黄力泓教授合影

↗ 厦门大学管理学院嘉庚班二期同学

↗ 与互联网创业者新生代合影

↗ 与互联网创业者新生代合影（左一为伊光旭）

希望

↗ 成为7所希望小学的名誉校长

↗ 2012年，叶云燕所捐建的第2所希望小学

↗ 2014年，叶云燕所捐建的第4所希望小学，并以客户公司名称为其命名

↗ 受邀出席"叶云燕20年感恩盛典"的希望小学校长和学生代表

↗ 叶云燕所捐建的5所希望小学的学生代表

给成交一个理由

叶云燕 贺大卓 著

图书在版编目（CIP）数据

给成交一个理由 / 叶云燕，贺大卓著. --北京：中信出版社，2018.1（2022.9重印）
ISBN 978-7-5086-8124-5

I. ①给⋯　II. ①叶⋯　②贺⋯　III. ①保险业务－营销　IV. ①F840.4

中国版本图书馆CIP数据核字（2017）第212527号

给成交一个理由
著者：　叶云燕　贺大卓
出版发行：中信出版集团股份有限公司
（北京市朝阳区惠新东街甲4号富盛大厦2座　邮编　100029）
承印者：北京通州皇家印刷厂

开本：787mm×1092mm 1/16　　印张：18.75　　字数：203千字
版次：2018年1月第1版　　　　印次：2022年9月第26次印刷
书号：ISBN 978-7-5086-8124-5
定价：68.00元

版权所有·侵权必究
如有印刷、装订问题，本公司负责调换。
服务热线：400-600-8099
投稿邮箱：author@citicpub.com

目录
CONTENTS

推荐序一　极致服务是一种修行　V

推荐序二　每一位创业者都应该向叶云燕学习　VII

第1章　创新者的市场：拥抱竞争　001

保险市场的大数据：700万代理人　003

"三个说明产品的机会，就会有一个成交机会"　007

最难卖的商品：不需要时购买，需要时使用　012

建设同理心：跟每个产品谈一场恋爱　016

对抗"旋涡"：做保险怎么了？　020

第2章　代理人创业时代　025

天才的两个象限：亲和力和企图心　027

不怀疑的推销员：听话照做　033

代理人就是创业者　038

古训今用：苦难是一种资本　043

一辈子做好一件事　047

第3章 跃迁学习：成为技术高手　053

提高"挫折商"　055

画一幅客户关系图　060

确定自己的里程碑事件　064

刻意练习：搭建自己的学习区　069

细节：仪式感和归属感　074

第4章 互联网社交下的主顾开拓　079

如何进入精英圈　081

重启你的"社交商"　086

做那个不断制造惊喜的人　090

社群化生存：把社交媒体用好、用尽、用巧　094

开拓高端客户：成为天使投资人　098

第5章 一份合格的寿险说明书　103

入门的三件法宝　105

愉悦营销法则　109

"境界"背后是专业　114

成为一个有价值的人　119

从保险代理人到财富管家　123

第6章　人的品牌　127

掌握通行规则才是真理　129

"第一"意味着能力和说服力　133

让一万人为你鼓掌　138

谦卑是最好的姿态　143

个人品牌方法论　147

第7章　高效服务：客户永远比你有耐心　153

像机器一样完成标准动作　155

让助理们强大，你就高效了　160

一定要留在市场一线　165

如何成为客户的亲人　170

服务体系升级法则　175

第8章　大单成交的秘密　179

成为量身定制的高手　181

拿下高端客户：从卖"服务"到"卖筹划"　186

回归初心：让客户发现产品的价值　192

向前一步：最后的购买决定由客户来做　197

签单之后：保单检视的价值　202

第 9 章　重新定义职业尊严：保险是最大的慈善　207

　　用爱心活动开拓客户　209

　　善举成就亿元保单　213

　　互联网时代的客户体验：成为叶校长　217

　　认知职业尊严和价值感　222

　　保险是先进的社会制度："自助"与"他助"　227

第 10 章　复制团队：叶云燕的方法论　231

　　品牌优势：让自己成为团队学习的平台　233

　　持续增员：做到大而强　238

　　平民式高端客户开发模式　243

　　代理人要具有互联网思维　248

　　黄金时代已真正到来　253

　　尾　声　257

　　后　记　261

　　附　录　叶云燕高效服务笔记　265

推荐序一
RECOMMENDATION

极致服务是一种修行

马明哲

中国平安保险（集团）股份有限公司董事长

胡适先生讲过："保险的意义，是今天做明天的准备；生时做死时的准备；父母做儿女的准备；儿女幼时做儿女长大时的准备。"

保险是最能诠释"保护与责任"内涵的行业。保险从业者基于不同家庭、不同个体的差异化需求，帮助客户为未来生活做好个性化财务安排，集合今天闲散的资金，化解明天可能的突如其来的风险，帮助大众未雨绸缪、守望相助，坚强面对人生的挑战。

对于现代保险业而言，服务就是实践"保护与责任"的修行。对于保险人而言，以善为本，从心出发，急客户之所急，忧客户之所忧，为客户提供全面、极致的服务，在日常工作中砥身砺行，在服务大众中渐觉渐悟，就是一种修行。

叶云燕自从事保险营销工作以来，持续学习、快速成长，全心全意为客户服务，用实际行动为保险人的"修行"做出了最好的诠释。她的新作即将付梓，这本书通过一个个鲜活的营销、服务案例，分享了她在20年保险从业经历中的点滴感悟，非常难得，希望大家从书中获得启发和裨益。

2017 年 8 月 15 日

推荐序二
RECOMMENDATION

每一位创业者都应该向叶云燕学习

蔡文胜

隆领投资股份有限公司董事长、厦门美图之家科技有限公司董事长

叶云燕是厦门互联网新生代创业者心中的"燕子姐",她不仅能够帮他们解决保险问题,还可以帮助他们解决公司运营的问题,这不仅仅因为叶云燕取得了整个平安人寿最优秀的销售业绩,更因为她具备一位优秀创业者的所有特征。

发现需求

叶云燕有敏锐的洞察力,她能够快速地发现需求并满足需求,在两个人面对面交流的时候,这种反应往往是在一瞬间完成的。最初我还惊讶于她的这种能力,但想过之后,我明白这是她 20 年的积累。在她的心里肯定有一张能覆盖所有人的图谱——包含了经济状况、性格爱好、家庭成员、事业理想等要

素，她为之做了大量的分析和储备，这样一来，她才能具备这种本能反应。

快速学习

大多数保险代理人都是"草根创业者"，他们能够在这个行业里取得优秀的业绩，靠的都是不间断的学习。叶云燕本身是天生的学习型人格，我记得自己很早就跟她说过，要善用微博这个新社交手段，没想到，此后她认真经营微博、微信，并且又一次做到了业内最好。

持续投入

保险市场是一个冷启动的市场，经过了漫长的用户教育过程。叶云燕这批代理人是市场的先行者，她和每个目标用户建立了长期的关系，并在此期间树立自己的个人品牌，当市场进入收获期的时候，她自然会是取得最好业绩的那个人。

保持专业

保险是一件极其专业的事，这是不同的代理人之间最明显的区分，就像创业者一定要在自己的优势领域发挥所能一样，叶云燕特别强调做保险计划书的水平。她给客户做保险计划时，已不仅仅限于做一份单纯的保险计划书，而是根据客户家庭的情况甚至企业的情况，为客户做全方位的理财规划书。

改变人群

读了叶云燕这本书我才知道，中国整个保险代理人群体已经超过 700 万人，我想每个人对保险代理人都有自己的印象，或好评或差评，可以自己回想。但我们都知道，叶云燕有改变整个保险代理人群体的决心，并且她一直在为这个目标而努力，这个决心给她带来了与众不同的气质，这种气质会吸引我们，让我们肯定她、认同她。

叶云燕一直植根在厦门，这并不是一个大城市，然而从 2005 年开始，每年她的业绩都在全国前三名，多次获得平安人寿业绩第一，她与之竞争的恰恰是北上广深那些大市场上的同行，她所付出的努力要远远超过其他人，但这恰恰也证实了她的实力。

当我们怀着不同的目的看这本书时，会看到不一样的叶云燕，但这本书绝对不仅仅限于销售，因为对我而言，我已经看到了一位优秀创业者的特质和情怀。希望大家通过叶云燕的故事得到启发，可以开拓你的事业与生活！

第1章
创新者的市场：拥抱竞争

代理人制度在中国走过了26年，整个保险行业已经完全陷入人海战术，这是一个充分竞争的市场。当离开这个行业的人数远远超过在这个行业里取得成功的人数时，这个结局让人们不可避免地确信：在大多数情况下，最终决定成功的因素是代理人的技巧和个人品质，而不是商品本身。

保险市场的大数据：700万代理人

> "百万年薪不是梦"的广告语撩动人心。1997年年初，一则这样的广告能招来100多位报名者，在此之后的20年里，这个纪录再没有被打破过。

时至今日，保险代理人制度在中国已经走过了26个年头，代理人规模也在2016年年底突破了700万。

在很多人的意识里，过去的26年，这支逐渐庞大的队伍是超出了金融领域甚至销售领域而存在的，我们无处不在、直指人性。

1992年9月25日，美国友邦保险有限公司上海分公司成立，为整个行业带来了崭新的寿险营销个人代理制，这一模式最初诞生于我国港澳台地区和东南亚国家，并在当地取得了成功。同年11月，友邦保险培训的第一代36位寿险代理人上街展业。到1994年年底，友邦保险共招收保险营销员近5 000人，营业额超过1亿元。

马明哲先生的寿险意识也是在这一年得到启蒙的，这位平安集团董事长于6月在台湾访问同业，见识了寿险行业的蓬勃发展，也受到了实实在在的冲击。在之前的华人社会里，提及寿险，大多数人会觉得不吉利，甚至避犹不及，因此，"华人是不欢迎人寿保险的"这句话广为流传，而如今马明哲先生却对它产生了怀疑。

1994年4月，平安保险邀请台湾国华人寿保险公司副总经理黄宜庚和郑舜文两位保险经理人到深圳举办讲座，当天的演讲主题是"麻雀变凤凰"，蛇口工业区培训中心的阶梯教室里座无虚席，连走廊上都挤满了人。

课上，黄宜庚副总经理很认真地跟前来听讲的平安员工们说："寿险未来的蛋糕要远远大过产险，3年后，大陆寿险业务将会超过产险，截至2000年，大陆寿险保费将超过1 000亿元。"

当年的平安还只是一家小型财产险公司，马明哲先生正在准备完成产、寿险分设，但在这个偌大的阶梯教室里，除了台上的讲师，恐怕只有他一个人对寿险有如此的信心。除了公司体制改革，平安开始从台湾引进"外援"，在黄宜庚的引荐下，马明哲先生认识了台湾国华人寿董事长翁一铭先生。一番交谈之后，翁先生当场决定安排一支十几人的团队帮助平安。自此，平安开启了寿险代理人机制，马明哲先生也在之后很长一段时间里冲在营销寿险一线。

1995年年初，平安与国华人寿签订了营销顾问合同，国华帮助平安从寿险的组织架构、制度、精算、产品和营销等方面，建立了一个完整的业务体系。

平安的代理人队伍也在不断壮大，仅仅一年之后，平安寿险的业务人员便从最初的几十人发展到上万人，遍及全国20多个大中城市。

1996年，平安保费收入首次突破百亿，员工达到5万人。尝到甜头的平安，不顾一切地扩大市场规模，保费收入以年均50%以上的速度猛增。

市场上其他竞争者紧随其后，到1997年，全国寿险代理人从

1996年的12万人迅速增至25万人，寿险保费收入从40亿元升至200多亿元。

在中国这片待开发的处女地上，"扫街式销售"以及对代理人制度予以规范的各保险公司《基本法》，无疑以低成本刮起了一场疯狂的"圈地风暴"。这场风暴所带来的巨大市场效应改变了寿险的格局，也改变了国内传统的业务观念，真正开始与当代寿险业接轨。此外，它还创造了一个巨大的个人寿险市场，孕育了一个充满活力与激情的职业领域：寿险代理人。

从表面看来，保险公司选择的是销售渠道，其实选择的是代理人背后的客户。而选择销售渠道的唯一标准，就是尽可能降低获得目标客户的成本。寿险产品的目标客户是"家庭"，那么，接下来的问题便是如何用最低的成本打入家庭。

这是特定历史阶段的一种合理而必然的选择——代理人制度就是在那个历史阶段保险公司成本最优化的销售渠道。

保险代理人也因此迈入了一个开放竞争的市场，这正是个人营销的魅力，当然，也有人把它看作压力。因为这是个高激励、低保障、高淘汰率的行业。它不需要从业者有什么特殊的身份去攫取垄断性资源，也不需要什么职场潜规则——《基本法》对增员的规定建立在利益分成的"金字塔"式组织结构之上，保障了主管对组员给予最大限度的帮助。如果再放眼整个保险市场，就会发现各家采用的也都是类似的产品与销售模式。

代理人只需要面对自己的客户就好了。

在当年的媒体上，经常可以看到招募寿险代理人的广告，"百万年薪不是梦"等广告语撩动人心，我就是被这则招募广告吸引。1997年年初，一则广告就能招来100多位报名者，在此之后的20年里，这个纪录再没有被打破过。

然而，随着代理人制度的不断发展，到1998年以后，关于代理人的投诉不断增多，很多代理人在面对日益艰难的市场环境的同时，也遭受着来自亲戚朋友的非议，有人甚至讲出"一人做保险，全家不要脸"这种带有侮辱性的话。

保险业内存在已久而未能改善的急功近利行为，以及对代理人职业道德与专业素养培训的忽视，的确是导致大量投诉问题出现的根源，这确实应该引起保险营销界的反思。

但无论如何，保险代理人的存在是有历史价值的，我们甚至可以说："没有个人营销，就没有中国保险业的今天。"寿险个人营销为社会提供了大量的就业岗位，并对保险知识的普及和传播起了积极的推动作用。所以，当我们思考保险行业在国内真正发展起来所需要的条件时，仍然会选择寄希望于优秀代理人的大量涌现。

这是代理人制度26年来的发展历程。如今整个保险行业已经完全陷入人海战术，但这又是一个充分竞争的市场，当与这个行业擦肩而过的人数远远超过扎根于此并取得成功的人数时，人们就会不由得确信：大多数情况下，最终决定成功的因素是代理人的技巧和个人品质，而不是商品本身。

"三个说明产品的机会，就会有一个成交机会"

> 当年上新人培训课的时候，讲师一再强调"主顾开拓"，当年的数据是：拜访3个客户，会有一个说明产品的机会；3个说明产品的机会，会有一个成交的机会。

在北礵小学做了半年老师之后，我辞职了，离开了北礵这个面积只有1.88平方千米的海岛。

我出生在霞浦县，这个闽东县城隶属福建省宁德市。因为家境清贫，我选择了就读师范学校，毕业后被分配到了距离霞浦19千米的北礵岛。刚到北礵小学教书的时候，我有两个梦想：赚了钱之后给妈妈买条金项链，给家里盖一座新房子。

但梦想很快就受到了现实的打击，拿了第一个月工资之后，我兴冲冲跑到金店，发现自己只能买3克黄金，当年的金价是每克100元左右。

我想赚更多钱。当时是1997年1月，正是寿险营销行业的第一个高峰期，我在报纸上看到了中国平安的招聘广告之后，便动身去了宁德市，参加创说会——这是保险业的特有词汇，全称是"创业说明会"。

讲台上是来自台湾的讲师，会场上拉起了"10万年薪不是梦"

的横幅。平安老一代代理人对这句口号的记忆有所不同,平安人寿董事长丁当和平安第一代代理人吴晋江先生曾经共同回忆初次接触平安的一幕。

吴先生于1994年在深圳参加了创说会,他说自己清晰记得台湾讲师说的是"百万年薪",但我确定自己当年看到的是"10万年薪",这应该是平安在一线城市和三、四线城市的策略差异,相信应该不是我们两个人的记忆出了问题。

我做小学教师的月工资是376元,10万年薪对当时的我来说简直可望而不可即。

1997年1月30日,我正式加入筹备中的宁德市平安人寿,成了平安保险的一名寿险代理人,只身前往宁德市周宁县开拓市场。

现在回想起来,那是一个保险代理人制度疯狂扩张的年代,我们那帮年轻人比现在的年轻人具有更坚定也更执着的信念。

经过一周的新人岗前培训,熟悉了寿险产品和推销流程之后,我就背上展业包,成了25万名代理人中的一员。

蔡劲波先生是我的第一任师傅,他只比我早三个月加入平安,当时他是新人培训的兼职讲师,现在前海人寿银保中心任职副总监。

当年上新人培训课的时候,他一再强调"主顾开拓",当年的数据是:拜访3个客户,会有一次说明产品的机会;3次说明产品的机会中就会有一次成交的机会。

现在看来,这个9∶3∶1的比例可能过于乐观,但当时的我坚信不疑,也正是这个理论帮助我迈过了销售新人需要迈过的第一道门槛:应对挫折,反正多见人就是了。

那时的我很瘦，每天背着一个16斤重的展业包拜访陌生客户，把肩膀都压变形了。面对客户也没有什么技巧，就是凭着一股闯劲儿去开拓市场，从一穷二白慢慢做起来。但我爱笑，对人也很真诚，在几次拜访周宁县实验幼儿园园长后，她对我说："小燕子，我要帮助你，过几天我们幼儿园会有一个家长会，我可以在家长会的尾声，请你上台讲讲保险，你有10分钟时间。"

当天的保险说明会很轰动，很多家长认为很值得为孩子购买一份平安保险。

4个月的时间，我在周宁县积累了127位客户。

寿险代理人制度和中国其他新兴经济事物一样，同样经历着先扩张再规范的过程，我在周宁县开展自己保险事业的时候，宁德市平安人寿还在筹备之中，并没有申领到正规的营业执照。

我在周宁县的业绩引起了另一家保险公司的不满，他们有二十几名员工，突然不再像往常那样去展业，而是跑遍大街小巷以及我拜访过的客户那里，只说一句话：平安是骗人的，叶云燕是骗子，你们赶紧去退保。

我立刻给宁德分公司的老总打电话，但还没等我说完，他就告诉我："情况我都知道了，我和你一样，遭受着同样的煎熬，要不你就回来吧，别在周宁县待着了。"

原本我想安抚好客户就离开，但这时我突然收到一条信息：你是叶云燕吧，我要买一份保险。因为儿童节临近，我想都没想就相信了。但万没料到的是，发送人是银行监管科的一位科长，我被带去那里审问了一天。

我不断告诉自己：除了做保险，我什么都不会，而且这是最适合我的工作。

安抚好周宁县的127位客户后，我回到了家乡霞浦，重新开始展业。回到霞浦的第二年，我取得了宁德市第一名的成绩，给家里盖了新房子，也组建了自己的团队。表面看上去，我应该会在霞浦长期生活了，母亲甚至开始为我张罗相亲的事，但人的经历就是这么奇妙，充满了太多不可思议的转折，而我之后的人生之所以完全被改写，应该缘于平安的培训系统。

1998年4月，我参加了一个组训班，这是保险公司对高素质代理人进行的进阶培训，这个组训班一共有37人，其中8人来自厦门。

我从小就喜欢和比自己优秀的人在一起，当时觉得他们8位的气质、修养、谈吐都和我们这29个人完全不一样。

之前我一直以为，自己在宁德签下的3 600元保费已经是大单了，和这8位师兄师姐交流后才知道，他们早已签下10倍甚至20倍保费的单子，我这才意识到：同样的产品，在不同的城市，可以发展出完全不一样的格局。

我要去厦门发展。

"异动"在外界看来是个普通的词汇，但对于保险代理人来说，异动意味着一切重新开始：除了保留年限，原来的客户资源、续期佣金会全数流失，组建的团队也将被遣散。

我犹豫了一年。1999年6月，我从霞浦坐大巴去上海，回来的时候特意从上海坐飞机到厦门,想去厦门游玩,同时感受一下厦门的保险氛围。这8位师兄师姐热情地接待了我,他们开着7辆摩托车和一辆宝马轿车,组成一支车队来机场接我。

我原本是个缺乏安全感的人,但看到师兄师姐这么高规格的接待,便觉得在厦门一定会有所依靠。所以,回到霞浦之后立刻就向分公司提出申请,要求调到厦门去。其实到了厦门之后才知道,大家是同行,都需要业务,除了自己,谁也依靠不了。

但既然决定了要去厦门,就要做好未雨绸缪的准备,当时我逢人便问:"我要调到厦门去了,你有没有朋友介绍给我认识?"

也正是因为这个积极的准备,我收获了在厦门的第一单——这位客户是我婶婶的女儿的男朋友的姐姐的朋友,这个人际关系很复杂。

离开霞浦之前,我给自己拍了一套艺术照作为留念。在拍照过程中,我问影楼老板:"我要调到厦门去了,你在厦门有没有同学或者朋友,可以介绍我认识一下。"

老板说:"有啊,我同学正好在厦门一家房地产公司当总经理。"

这位总经理姓林,我到厦门之后才知道,他还是霞浦在厦老乡会的秘书长。后来,凭借这层关系,我顺利开拓了霞浦在厦老乡会的市场。

我们做寿险营销,主顾开拓的方法无外乎三种:陌生拜访、缘故法和转介绍。对于新人而言,缘故是最好做的,尤其是初来乍到一个陌生的城市,没有亲人和朋友,只有提前找一些缘故,才能逐渐站稳脚跟。

最难卖的商品：不需要时购买，需要时使用

> 因为我们并不是一个擅长推销的民族，也不是一个乐于接受推销的民族，这是因为很多人不具备那种能对他人产生适当影响的心理素养。

代理人制度的出现让寿险营销从被动营销变成了主动营销，这显然符合寿险的产品形态——销售一件客户意识不到自己会需要的产品，必须要走出办公室，敲开客户的大门，至少，应该告诉人们这个产品究竟是怎么一回事。

这就是身为保险代理人的价值，我们就是把保险两个字写在家家户户门上的人。

但寿险确实是最难卖的商品，因为我们要与健康的人谈疾病，与富有的人谈失败，与年轻的人谈衰老。

看出来了吗？寿险本身并不是一种让人愉悦的产品。"华人是不欢迎人寿保险的"，当年困扰马明哲先生的这句话虽然被寿险营销的业绩证明了是谬误——2016年平安人寿的业绩是3 700亿元——但这句话有一定的合理之处。

更为糟糕的是，我国的寿险代理人面临的是双重困境，除了产品，还有推销员自身。因为我们并不是一个擅长推销的民族，也不

是一个乐于接受推销的民族，这是因为很多人不具备那种能对他人产生适当影响的心理素养。

2 000多年前，孔子就教导人们要对任何性质的雄辩表示怀疑，他认为雄辩是伪善的一种欺骗形式，这让人们尤其怀疑目的在于让他们出钱的雄辩。事实上，孔圣人特别谴责那种现在看起来有资格被称为理想推销员的人，也就是外貌漂亮、衣冠楚楚、谈吐合意的人。长久以来，从来没有人说过为推销员辩护的只言片语。

当人们评价一位保险代理人是否成功时，总会说这样一句话：如果保险卖得好，那么其他东西都能卖好。其实，说这句话的人或多或少会对保险存在误解和偏见，他们甚至排斥一切推销行为。这是在人们心里根深蒂固的观念——不喜欢被推销。

当然，随着人们保险意识的普遍提高，我已经把这句话看作对保险代理人的赞美。

既然保险是最难卖的商品，那就要坚信，让客户接受需要一个长期的过程，包括对产品的接受过程，也包括对代理人的接受过程，这个过程是不能压缩的，否则将产生销售误导的恶果。

在26年代理人发展史上，销售误导一直是保险消费者对保险业最主要的"槽点"之一，这个问题从代理人出现的那一天起就存在，已经成了保险业发展过程中如影随形、挥之不去的顽疾。

按照保险原本的理念，买保险的人最应该关心的是抵御风险的能力，也就是风险来临那一刻，理赔金够不够用。很多人之所以思考有偏差，主要原因就是很少会主动去考虑死亡和伤残的问题，尤其是死亡。

死亡是一个大家都很忌讳的话题，客户不愿意谈及，代理人也不能强调。对于养老、子女教育的问题，大家倒都是感觉良好并乐于谈及，于是很多人只买养老险、大病险，以及为子女买教育储蓄险，对寿险却不闻不问，其实这些都是购买保险的误区。

反过来看，销售误导也是一面镜子，映射的是消费者的个人私欲。国人的保险意识普遍不强是老生常谈的话题。恰恰是消费者主动把保险产品与理财、基金等金融产品进行比较，获取收益的欲望大于获得保障的欲望，于是，保险产品不得不伪装成理财产品来迎合消费者的心理需求。

这样的行业误区也对优秀代理人提出了新的要求：仍然要秉承"专业"和"道德"的标准。保险代理人要帮助客户发掘他的需求，事实上，潜在需求一直存在，只是需要通过专业的知识和技能，对其进行启发和搭配。

我一直强调"让一家之主更有尊严"。2012年12月，我的一位客户在做完体检之后被拒保了，这位客户4年前已经为妻儿做了全面保障，自己却一直没有购买保险。经过多次沟通，客户终于决定为自己投保，却在体检时被发现身体出现状况。

当时我把这个真实的故事写在了微博上，很替客户惋惜，其实这也正是保险产品的特性：不需要时购买，需要时使用。

我并不忌讳和客户谈论生死，反而认为在快节奏、高营养和多变化的现代社会，人们更应该对隐匿在身边的风险加以重视和防范。

从来没有一位死者家属对保险代理人这样说："人都走了，花死人的钱太难受了。那理赔款就不要再给我们家了。"相反，他们都说："人已经走了，可家里面上有老、下有小，这么困难，保险公司能不能多些赔付？"

建设同理心：跟每个产品谈一场恋爱

> 拥有完整自我意识的人，不会轻易被对方的不友好表现打击，也不会在对方诉说的时候失去耐心，更不会在对方需要关心的时候用负面情绪来伤害对方。

一位代理人能在寿险营销这个行业走多远，表面上看是取决于你有多强的韧性去开拓客户群，你有多专注、多坚持；实际上，代理人比拼到最后，靠的是对寿险意义和功能的领悟——在这个开放竞争的市场中，其实只有代理人和客户两个人。

寿险的意义与功能是每个保险代理新人的岗前必修课，实践方式则是同理心建设，但个体之间的领悟和实践还存在着巨大的差异。

丁当先生曾经说我是个很善良的人，所以对寿险的意义与功能领悟得很透彻。

善良是建立同理心的基础，我们所说的同理心不是一个外来词汇或者心理学专业词汇，日常生活中有一些常用的说法，比如"将心比心""人同此心、心同此理"，都可以初步理解为"换位思考"。不过，仅仅是思考还不够，还需要"换位感受""换位行动"。

我之所以具备了换位思考的能力，是因为入行之后的一次理赔事件。当时我刚刚成为一名代理人，正因为"非法展业"被驱离周宁县。理赔事件的主人公是一位正值壮年的男士，他在一次游泳时不幸溺水身亡，留下了年轻的妻子和一个6岁的孩子。

几个月前，在我苦口婆心的劝说下，这位男士拿出6 000元购买了一份平安保险。意外发生后，遗孀几近绝望时，我带着几十万元的理赔款出现在这对母子面前。

此情此景，让年轻无助的母亲悲喜交集，"扑通"一声跪下了。就在那一瞬，我恍然大悟，第一次真正认识到自己工作的价值：平日里自己销售的每一张保单，给客户送去的每一笔理赔款，传递的不正是浓浓的亲情和关爱吗？

从此以后，我的工作心态发生了极大的变化。面对客户，会更多地站在对方的角度思考问题，想得最多的是客户需要什么、自己能为客户做点什么。

到了真正面对客户的时候，同理心的最高境界不在于你说了什么，或者做了什么，而在于对方的需求得到了满足，这是一种默契。

但是只有对客户的理解还是不够的。对于自身而言，要有完整的自我意识，这是发展同理心的基础。因为拥有完整自我意识的人，不会轻易被对方的不友好表现打击，也不会在对方诉说的时候失去耐心，更不会在对方需要关心的时候用负面情绪来伤害对方，而是保持关注、保持好奇心，真诚地走入对方内心。

去年我过生日的时候，鼎诩保险论坛创办人李海峰先生送了我一本余秋雨先生亲笔签名的《君子之道》，这是一本关于中国人人品、人格修养方面的著作，是余秋雨先生对中华民族集体人格的总结性论著。看完这本书，我感觉说到自己心坎上了，与我的为人处世之道颇为契合，我也从书中看到了自己的影子。

为了能够更好地换位行动，我常常做很多准备，从不盲目地上门营销，我知道那样不仅会让客户反感，也是对自己不负责任。

如果我要面见一位客户，比如他是一名地产商人，那么面谈之前，我会大量搜集对地产商有用的信息，并将这些信息进行梳理，除了在谈话中巧妙地融入，还会适时地将这些资料传递给客户。这会让客户觉得我相当用心，在面谈之前已经做了充足的准备，而且思考问题也更多地站在他的角度。

这样一来，客户就不会觉得与我交谈是浪费时间，而是物有所值，那么签单自然就水到渠成。即使签不了单，他也一定会认可我这个人。那么，签下保单就是迟早的事情了。

同理心对于个人的发展极为重要，人一旦具备了同理心，就更容易获得他人的信任，而所有良性的人际关系都是建立在信任的基础上的。

同理心还能够让代理人站在客户的角度看待保险，它不仅是金融产品，还肩负着两大责任：一是客户的生老病死，二是客户财富的保值和增长，前者关系着客户基本的生活保障，后者关系着客户及其家庭的幸福。

当我清楚自己身上所担负的责任之后，我对保险产品的态度也从"推销"跃升至为客户"量身定制"。

我要求自己和每个产品都"谈一场恋爱"，清楚地了解产品的底细：它适合什么职业、什么年龄段的人群，不同产品怎样组合才能适应不同家庭的需要……进而，从客户可能的需求入手，条分缕析地评估产品可能为客户带来的最大利益。我对所有产品的佣金情况都很清楚，但我为客户量身搭配的一些产品组合并不能让我得到最多收益。因为如果仅仅想着拿到更多的佣金，而不是从客户的真实需求出发去销售产品，你的好业绩是不会持久的。

我之所以加入保险行业，根本原因自然是对金钱的渴望。但之后的工作中如果仍然以这样的目的为主导，那我的保险代理人职业生涯一定不会长远。

客户对代理人的基本要求也是如此。在签下一份保单之前，客户期待代理人能够保证自身的专业性；而代理人更需要考虑到行业发展、原保监会①的规定和客户的家庭经济状况及需求，从而为客户量身定制适合的计划。

遗憾的是，能做到以上这些的代理人凤毛麟角，大部分人连基本意识都没有。

有的保险代理人将同理心浅薄地理解为：同姓氏、同爱好、同乡、同经历、同窗、同语气、同性别、同身材，并概括为寿险销售的"同理心八同的营销新法则"，这种对同理心急功近利的解释真是让人哭笑不得。

即便同理心能和信任画上等号，但人与人的关系却不是一条公式这么简单。更多的时候，代理人只能以善良为基础，以关心为出发点，为双方都留下空间，设身处地为客户着想，了解他们真正的需求，而不是斤斤计较自己的佣金。

---

① 该书首次出版之时，保监会尚未撤销。2018年3月，保监会撤销，银保监会组建。严谨起见，书中"保监会"改为"原保监会"。——编者注

对抗"旋涡":做保险怎么了?

> 面对误解时,我很少表达出对客户的不满,虽然我偶尔也会抱怨有的客户"固执己见",这个时候怎么办呢?要有理有据且不失涵养地说服他们。

代理人的口碑曾一度陷入恶性循环的旋涡,有些代理人为了说服那些犹豫不决的客户,穷尽一切办法,不惜使用各种招数"折磨"他们。这是一段并不光彩的历史,而随着时间的推移,当客户逐渐忘了当初购买保险时那段不愉快的经历,转而寻求自己应得的权益和服务时,往往又会遇到更大的问题。

保险代理人离职率高是不争的事实,但并没有详尽的数据表明究竟有多少人从事过保险代理人行业。有媒体做过调查,得出了一个 3 000 万~4 000 万人的模糊数据。

高离职率的原因众所周知,比如归属感不足、没有地位或收入太低等。这些曾经用尽手段"打动"客户的代理人离开了,留下了一堆"孤儿保单"。因为保险产品的特殊性,十几年过去后,客户仍然在为当年那张保单缴着保费,却不知道自己应该得到什么保障或收益,于是很多人提到这种情形都会面有愠色。

整个社会都在蔓延对保险代理人的种种不满,很多人的情绪受到影响，即便他们甚至没有与保险代理人进行过深入交谈。对于保险，大多数人的态度是不闻不问，至于保险代理人，更是避之不及。

与这个旋涡对抗的过程是充满艰辛的，而不被旋涡裹挟的人总是少数——当旋涡形成的时候，表面的一切都会消失。

如今，我们认为情况已有所改善：全社会的保险意识在提高；网络的发达逐步打破了信息不对称的弊端，保险产品越来越为人所了解；随着移动社交时代的到来，保险人的形象也构建得越发全面。

正因如此，那些拥有独立品格的代理人便会更加受人关注，并因此收获更多利益。

有一次，我在厦门一家著名企业的员工食堂吃饭，旁边坐着的一位高管得知我是平安的寿险代理人，抬起头对我说："我19年前在平安买的保险，每年要缴一万多元保费，但当时的业务员再没联系过我。"

我已经很习惯应对这个场面了——当年那位业务员不负责任的结果，对我来说却可能是个机会，于是我对他说："如果您方便，可以把您的身份证号码发给我，我给您做个保单检视，说不定可以有钱拿。"

"我不指望有钱拿。"说完这句话，他刚好吃完饭，便起身离开了食堂。

其实如果再多给我一点时间，我既能为这位高管确认权益，也能还给平安代理人一个体面。

面对误解时，我很少表达出对客户的不满，虽然我偶尔也会抱怨有的客户"固执己见"，这个时候怎么办呢？要有理有据且不失涵养地说服他们。

我刚到厦门的时候，有一次和同乡的房地产老板出去吃饭，他说："小叶，你做保险的，一定很会喝酒，快来敬大家一杯酒。"有人当面问道："保险都是骗人的，你为什么要去做保险？"现场的气氛一下子紧张起来。

我反倒认为机会来了，我要告诉大家，保险不是骗人的。

我面带微笑。礼貌地说了三句话：

第一句：如果保险是骗人的，它能在全世界的发达国家连续骗三百年而长骗不衰吗？

第二句：如果保险是骗人的，它怎么会让世界上最有政治头脑和经济头脑的人物高度认同呢？

第三句：如果保险是骗人的，国家还会大力推动，促进它的发展吗？咱们都该与时俱进了。

我说完这三句话，现场的气氛缓和了，饭局上的十几位客人都对我赞不绝口。

异议处理是销售人员的入门课，但从来没有哪一个行业受到的异议像保险行业这么多。要大方得体地处理异议，就要相信异议存在的合理性和原因。这恰恰说明客户需要了解更多的东西。也许他们需要更多信息，也许他们需要一种保证，也许他们需要该产品能

增强他们的兴奋感。

不管背后存在什么问题，提出异议都是客户的合理权益，我们需要得体地处理异议并让情势缓和下来，直到他们有足够的信心去购买。代理人的职责就是让客户产生这种信任感，而不是感觉自己受了委屈，任由潜在客户一走了之。

我的性格其实是比较强势的，虽然大多数时候看起来温柔，但在谈到保险的时候，我就会态度坚定，因此，我能够说服那些持反对意见的人，或者帮犹豫不决的人拿定主意。

叶云燕是可信的，记住这一点就好。

十几年前在全国各地做演讲时，我就呼吁同行们要做个尊贵的保险代理人。其实道理很简单，就是为客户着想，这是代理人内心的高贵。

但在现实的社会中，高贵的内心是不容易被理解的。在一次朋友聚会中，我认识了一位成功的企业家，起初这位企业家非常热情，后来得知我在平安工作，吓得连微信都不敢通过验证。

做保险怎么了？我一直为我的工作而骄傲。

所以，有时候我们也不得不做一些"炫富"的行为，被这位企业家拒之门外后不久，我去了香港保险业传奇人物容永祺先生家做客，这位保险界前辈于1982年进入友邦保险，现在已经是全国政协委员，影响着整个香港金融界。

容永祺先生开着他的宾利轿车迎接我，在他价值几亿元的海边豪宅里，我们愉快地畅谈如何帮助更多人，如何做慈善。

你敢说我们不尊贵吗？

其实，我大多数时间是面带微笑且充满耐心的，致力于服务好自己的客户，管理好自己的团队。

在一个开放竞争的市场中，专注于自身的专业素质和道德修养，专注于客户的服务和体验，才是最简单也最有效的方式。至于这个行业，我仍然要回到之前提到的那句话：优秀代理人的大量涌现，终将让保险行业在国内真正发展起来。

2015年，我加入了宝海会。在朋友圈分享游艇下水仪式的时候，我写下这样一段话："保险是一个需要时间来检验的伟大的行业，我相信通过自己的努力，一定可以改变人们对保险行业的看法。"

第 2 章
代理人创业时代

成功的寿险代理人有一条定律,这条定律包含两个象限——其中一个象限叫亲和力,表现为情商较高,容易和客户产生互信;另一个象限叫企图心,这个词是从美国的销售教材翻译过来的,曾经有一个很拗口的译法,叫作"对金钱有着永无止境的追求"。

天才的两个象限：亲和力和企图心

> 在几乎所有的推销员招聘广告里，我们都能轻易地发现"亲和力"和"企图心"这两个字眼，这说明，越来越多的企业已经认识到，销售员需要具备一定的天赋。

1999年7月1日，我来到了厦门，一边开拓霞浦老乡资源，一边拜访陌生客户。7月的厦门酷暑难耐，我连续奔走在热浪滚滚的街头，一度因为中暑晕倒在路边，幸亏被一名警官发现，把我送到医院打了一针，才被救了过来。就这样，我在不知疲倦的奔波中熬过了起初最艰难的岁月。

之后我便接连获得了厦门市第一、福建省第一、南区第一，以及全国第一的成绩。

推开明欣部的大门，我想很多人都会被挂在墙上的奖牌和放在柜子上的奖杯震惊，这些数不尽的奖牌和奖杯，让一整面墙和两个柜子都显得促狭，只好委屈地叠放在一起。这里面有一部分是我个人获得的奖励，有些则是属于明欣团队的荣誉。

在所有的荣誉中，我把最重要的两个郑重地珍藏了起来——2009年和2016年的平安高峰会会长王冠。

现在我们国家已经有了70家寿险公司，但平安是中国寿险第一品牌，在平安夺得第一，也就相当于全国700万代理人中的"NO.1"（第一名），所以毫无疑问，这是中国保险代理人所能取得的最高荣誉，我自然万分珍视。

2016年，我有幸再次成为平安高峰会会长，平安人寿厦门分公司总经理潘亮说："我一直觉得，以厦门的市场规模和销售队伍的体量，诞生一位全平安系统的销售冠军已属不易，而叶云燕总监却能在2009年和2016年两度夺魁，还有几次仅以差之毫厘的成绩屈居亚军，她真不愧为厦寿平安一张靓丽的名片。"

潘总做过马明哲先生的秘书，也担任过平安寿险总公司市场营销部总经理助理，此后在平安多家寿险分公司担任总经理职务，是执掌地方寿险系统20年的老人。他见过形形色色的寿险代理人，他在对寿险代理人做分析时说，成功的寿险代理人有一条定律，这条定律包含两个象限——其中一个象限叫作亲和力，表现为情商较高，容易和客户产生互信；另一个象限叫作企图心，这个词是从美国的销售教材翻译过来的，曾经有一个很拗口的译法，叫作"对金钱有着永无止境的追求"。这条定律原来叫作"超级推销员潜质"，如果有一位两个象限都很高的推销员出现在保险代理人领域，那么，这个人必然是一位保险天才。

也许是机遇，也许是必然，这两个特质我正好都具备，也希望自己正是潘总所说的那种保险天才，那么，平安保险就正好是我得以充分发挥的最佳平台。

"所以，有的时候我们只能去发现人才。"潘总说，"并不是真正地培养人才。"

从那以后，几乎所有的保险销售员招聘广告中，"亲和力"和"企图心"这两个字眼开始频繁出现，这说明越来越多的企业已经认识到，销售员需要具备一定的天赋——一种大多数员工即便接受再多的培训也无法获得的天赋。

激发企图心这个概念深入人心，即便我们在大街上随便找个人聊起这个话题，人们印象里都有那么几个招式看起来很管用。市面上也有很多激发企图心的课程，这几乎是很多励志大师的第一讲。在我们保险公司内部，则有更多的做法：这是保险代理人每天上午两个多小时的必修课，上课地点就在我们的"职场"里。

我是一个容易被简单的话语和成功的榜样激励的人，记得区长林贞说过："在奥运会的领奖台上，人们永远只会记住冠军，谁会记得第二名、第三名呢？"我把她的话牢牢记在了心里，并且，我没有辜负她的期望，成了冠军。

平安集团最大的盛事，即平安全国高峰会创办于1997年。2004年是我从业的第8年，也是我来到厦门的第5年，我以30多万元标保、厦门第一的成绩获得了首次参加全国高峰会的资格。我清晰地记得，当年的全国冠军是来自北京的王冷泉，这位刚刚从业一年的"新人"收到的保费是300万元。这又是一个10倍的差距。

激发一个人企图心的方式有很多种，而最有效的方式莫过于和成功者在一起。我的性格让我能够以最快的速度适应这种情境，尽快制定新的保费目标，认真学习高手的技巧并加以改良，如果这件事情行得通，我便会在更大的范围内迅速实施。从这一年开始，我再没有缺席过一年一度的平安全国高峰会。

正如潘总所说,我所在的厦门是有市场劣势的,好在整个保险市场的密度和深度都很低——即便到今天还是如此——所以市场空间还是有的,唯一的难题就在于代理人自身是否足够勤奋。

现在回过头来看,这一年正是我的保险理念和保险事业取得突破的关键年头,我自创的"平民式高端客户开发模式"正在厦门推进,这帮我实现了保费的逐年跃升。2009年,我成为中国平安第一个年度标保突破1 000万元的人,2014年成为中国平安第一位年收入突破1 000万元的代理人。

其实,这个破纪录的收入说起来还有段小插曲。2013年,时任平安人寿副总经理兼南区事业部总经理的刘小军无意中说了一句:"平安还没有一个年收入过千万元的代理人。"说者无心,听者有意,我在心里暗暗发誓,一定要成为中国平安第一个年薪千万元的代理人。

潘亮总经理曾半开玩笑地跟我说:"我第一次见你的时候,你开一辆君威,等下次再见你的时候,你就已经开保时捷了。"

我是一个有梦想的人,并且会把自己的梦想刻成CD(激光唱片),随时随地可以播放来听。平安曾经的一位寿险推销员——马明哲先生,也是一位精力充沛、永不言败、敬业好学的人,我非常崇拜他。

大部分推销员并不缺少企图心,只不过强烈程度不同,但亲和力对很多推销员来说却是个无法解决的大难题,我们之中的很多人都不具备那种能对他人产生适量影响的心理素养。很多时候,保险代理人会被人一眼辨认出来，他们带着职业的笑容，有大方得体的举动，但往往神情焦虑。或许他们正在想：如果我再讨巧一些，就能让你把钱从口袋里掏出来。而恰恰正是这一点暴露了他们，也拖垮了他们。

我不要成为这些人中的一员，我了解自己的优势，贫寒的家境让我很小就成长得聪明、懂事、乖巧，我还有着这个行业很难见到的"少女心"，会在不知不觉间流露，这也让我一直引以为傲。我喜欢说"我不懂"和"管他呢"，按理说这应该是保险代理人极力回避的字眼，但我认为这两个词恰恰表达了我对一个人的理解和信任：我所展现的对你的理解程度，就如同你希望被人理解的程度；我对你的信任，也达到了你相信自己的程度。

也许是我有着天生的亲和力，这让我成为这个行业里很受欢迎的人。初到厦门时，无论是拜访陌生客户还是想尽办法结识老乡，不管对方是否买我的保险或者是否帮我介绍朋友，我都真诚以待。这种真诚并不是基于"我有求于你"的目的，而是"我能做些什么，让你面临的境况有所改进"。我擅长倾听，并且快速付诸行动，毫不夸张地说，我最初的服务定位就是从服务员和保姆做起，神奇的是，这并没有让我觉得卑微，反而从中感觉到幸福和满足。

厦门的很多人都喜欢和我聊天，一些老人甚至把我当作女儿看待，把他们最要好的朋友介绍给我认识；有很多热衷于饭局的人开始乐于叫上我，当然，我很乐意去蹭饭。

我的生活轨迹和事业轨迹就这样延续至今，持续了十几年。

即便每个平安人都记得"持续奋斗"的高峰会精神，但很少有人能做到"视荣誉为生命",也少有人可以做到十几年如一日的真诚,但我会。直到现在,我仍然会准时在每个具有特殊意义的节日里,给我十几年的老客户们送上并不名贵但足够真诚的礼物。我希望自己可以持续把自身天赋发挥到极致,所以,当很多人好奇我为什么频频签下大单的时候,我也会将自己初到厦门时的经验分享给他们。我希望他们都能像我一样,可以体会到做一份热爱并擅长且创造价值的工作,然后从中实现自我,是怎样一种美妙而幸福的感觉。

不怀疑的推销员：听话照做

> 想在这个行业里取得成功，最有效的方式就是经验的直接传承，所以，"听话照做"这四个字就显得尤为重要，这也是保险行业里最经典的一句话。

1997年进入平安的寿险代理人，都是从一本102页的《新人岗前培训学员手册》学起的，我也认真学习过这本小册子。里面有一半的内容在培训新人如何面对客户，其中分为"专业化推销流程"和"拒绝处理"两大部分，将销售过程中的每一个动作进行了拆分，并强调每一步的完成度。

如果对照现在的平安新人培训手册，你会发现培训新人的书增加了，也变厚了——我们这一代推销员的经验被收录了，但关于推销的流程和技巧却颠扑不破——从某种意义上来说，20年来，寿险代理人所面对的人性是最稳定的。

现在一位寿险代理人上岗前依然要接受至少7天的培训，培训内容大致分为"沟通、说明、促成"三大部分。其中沟通主要指与人交际的各种技能，说明是指对平安各险种的了解程度，促成是指最后与保户签单的各种注意事项。

严格来讲，每一位寿险代理人上岗之前，都已经掌握了寿险营销的入门知识，当他们真正开始展业的时候，又会有"师傅"指导——我们这个行业一直遵循师徒制。因为要想在这个行业里取得成功，最有效的方式就是经验的直接传承，所以，"听话照做"这四个字就显得尤为重要，这也是保险行业里最经典的一句话。

出勤、参训、拜访、记录，这是厦门分公司副总陈志辉先生为新人总结的四件事。出勤是指每天都要到职场学习；参训则是参加公司安排的各种培训；拜访就是每天要大量拜访；记录指的是拜访记录，这是参考依据，以便在师傅的指导下进行修正和提升。新人必须要做好这四件事。

如果按照这个步骤去做，大家都能成长得很好，然而很多新人还是过不了"听话照做"这一关，这里面有两个心理难题，除了我们曾经提到的"应对挫折"，还有一个难题是"应对是非"。可能很多新人会发现，公司培训的、客户告诉的、竞争对手说的，还有公司内部老员工透露的"内幕"，听起来都不一样，那么如何判断，又如何处理呢？

没什么好说的，听话照做准没错。不要怀疑产品，也不要怀疑方法，更不要怀疑你的师傅，因为我就是这样走到现在的。

2006年1月1日，阳光明欣部成立，我开始独立带团队，曾梅子是我育成的第一位部经理。曾梅子的明欣一部现在有300多位代理人，是阳光明欣本部之外最大的一个部。曾梅子在去年刚刚拿到了百万年薪，她认为自己很像我，甚至把我当成她"生命中的贵人"。

第 2 章
代理人创业时代

记得我2001年招聘助理的时候，曾梅子前来应聘，但她对工资不满意，转而去做业务员。我无意之中给她看了我的工资单，当时我每个月的收入有1.2万元，曾梅子很受刺激，并立志要以我为榜样。

曾梅子很了解我的性格，她知道做一个出色的保险代理人需要具备很多优秀的品质，包括专注、认真、坚持、善良、孝顺、自律、大气，同时她觉得最重要的是"听话照做"。"我是我们那一期里最听话照做的。"曾梅子说，"我相信师傅做的所有事情都是为我们好。"

其实，听话照做是一种能力，大多数新人获取这一能力的途径要靠不间断的培训和演练。我们经常能够看到，有很多人还不够了解就跑了出去，导致代理人行业出现了很多"腿跑得比脑子快"的人，他们的不自信和不专业让整个行业受累；有很多人抱着质疑的观点听这句话，进而由于执行不到位再进行全盘否定。这两类人是行业大忌，成功也因此远离了他们。

明欣团队的一次早会结束后，有一位代理人提出了一个问题：他的准客户说，平安的意外险为什么比竞争对手贵一千多元？团队中负责营销管理的甘羡珠说："我来回答这个问题，还有谁要听？"

台下稀稀拉拉坐下了20多位对这个问题无所适从的代理人。

"平安这么大的公司，赚钱比他们都快，还要把价格卖得比他们都高，你觉得可能吗？"甘羡珠敲着白板说，"我们保了十级281项，掉了四颗牙齿都赔，你问问他们赔吗？"

综合对比了产品之后，甘羡珠举了个例子说："我们要卖给客户宝马，不是要卖给他们吉利。"台下的代理人被说服了，看起来蠢蠢欲动，他们都觉得自己的客户是配得上宝马的人。

"我们的业务员最聪明的选择就是信任产品。"潘亮总经理说，"你要相信公司里比你想得深的人多得是。"

正是因为听话照做，我才能在这个行业里站稳脚跟，并通过自己的努力和天赋取得了事业的成功。其实直到今天，我仍然是一个听话照做的人。

丁云生先生曾经是一位心脏外科医生，他加盟友邦保险之后被称为"中国重疾险之父"，创下了连续100天每天卖出一份重疾险的纪录。我们之前说过，代理人在面对客户的时候，对生老病死这个话题通常会很忌讳。1995年我国内地市场方才引入了重大疾病保险，在丁先生之前，这个险种好像从来没有这么"明目张胆"地被推销过。

2012年，我和丁云生先生初次见面，我从手机里翻出了他关于重疾险培训的PPT（演示文稿），当着他的面一字不差地背了几段重疾险话术。这一年也是"大病医保"推出的年份，很多人一时无法了解大病医保和商业保险的冲突。当丁先生讲"大病医保"的时候，我便开始录音——我不想因为自己的转述产生错误，进而误导团队里的其他代理人。

看到我的举动，丁先生说："我现在能理解为什么在厦门这个200万人口的城市，能够出全国高峰会会长了。"

我想，我所做的一切只是遵循了一名保险代理人正常的成长法则，这其实是每一位优秀的代理人都应该具备的能力：他们会依赖导师的指导逐步提高其销售技能，导师也能够向他们传授成功的技能和心法。

代理人就是创业者

> 越是强调"零成本",需要投入的就越多,至少需要有创业者的心态、长久经营的理念,以及开拓更广阔市场的预期和准备。

保险业把招募代理人的活动称作"创业说明会"。20年前,我正是通过一场创说会加入了平安。

但20年前谈创业和今天谈创业,受众的心理已经完全不同了,在如今"大众创业、万众创新"的大潮下,创业在很多人眼里反倒变成了一件无本万利的事情,或者说,很多人在试图把创业变成这样一件事情。

这是个创业精神稀缺的年代。

20年前,马明哲先生也是一位创业者。他说,创业就是接到客户要求的时候,风里雨里跑出去,把客户服务做到极致。20年前,我刚刚成为一名平安代理人,当时这个行业还被称为"零成本"创业。这个口号一直喊了很多年。但我知道,越是强调"零成本",需要投入的就越多,至少需要有创业者的心态、长久经营的理念,以及开拓更广阔市场的预期和准备。

当年在宁德街头,我背着16斤重的展业包,里面塞满了礼物;

第 2 章
代理人创业时代

现在我坐在奔驰商务车里，这辆2.1米高的商务车后备厢依然满满当当，甚至很多时候连副驾驶上都要放满礼物。

2017年3月4日是个周六，天气有些阴冷，我前往观音山国际商务营运中心，这是厦门岛东岸新建的一个商务区，是泉州公司扎堆的地方。我来拜访一家名叫"八零九零"的企业，创始人胡明田先生就来自泉州，我和他认识已有四五年。我和助理拎着大包小包走进了胡总的办公室。

这是我第一次来胡总的办公室，但他还是说："我这里到处都是你的痕迹。"他的办公室里摆放着4座"最佳父亲"的奖杯，这是我连续4年送来的父亲节礼物。

"这些事情做起来很简单，坚持做下去都是要花精力和成本的。"胡总说，"但这是对的，服务客户，特别是服务高端客户，你一定是要有情怀的。"

在我看来，这是一位优秀的创业者对我们保险代理人最真诚的赞美，他在几年前刚刚用一亿资金投资酒店，现在正筹划自己的天使投资基金。其实，越是企业主，便越理解我们所投入的价值，因为他们懂得换位思考。

这次胡明田夫妇想找我购买平安少儿险，同时给胡总购买意外险和重疾险。这是我们认识以来第一次谈及保险，其实整个过程更像一场朋友间的谈心，我们聊了子女教育、移民、人生规划和事业理想等话题。

谈到保险的时候，胡总偶尔会说一句："我账上存几千万元就好了。"这时候，我和他的妻子会一起反驳他："你怎么存得下？有了钱不知道你又投资什么去了。"我也会适时地提醒他："为什么要存几千万元呢？保险明明就是用几万元撬动几千万元的事情。"

看得出来，胡总很信任我，当他有购买保险的需求时，第一个想到的就是我。因为我一直把保险当作一个企业、一份事业去经营，而不是为了一份保单去投入，我是为了我的客户投入。

2017年3月5日下午，明欣区在位于南普陀半山腰的和伊月子庄园举办了一场"三八女神节"活动，我是这家月子中心的天使投资人。上百位受邀而来的女性客户踩着长长的红地毯进入会场，会场里，我们的区长林贞在做寿险产品说明，她的发言极富感染力，几位女嘉宾边听边抹眼泪。我进去抽了一次奖，更多时候则是坐在喷泉边的石阶上陪来宾聊保险——我的组员们已经完全能够依靠自身的力量举办活动了。

按理来说，这场活动效果不错，有上百位准客户参加，一共成交了30单。但我还是决定在第二天的早会上和组员们谈谈客户投入的问题：如果连30元都舍不得为客户花，客户凭什么给你十几万元的保费？30元是这次活动中每个团队成员付出的成本——每邀请自己的一位准客户参加，代理人要自掏腰包支付30元，其他的成本则由团队支付。

我在早会上发脾气的原因很简单，我经常跟员工讲，哪怕今天开一家面包店或食杂店，都是要投入的，为什么做保险代理人就不投入呢？

2002年，我家要买房买车，家人问我：你不是整天都说自己收入高吗？为什么关键时刻却拿不出钱来？"

当时我回答道："是，我现在拿不出太多，我每赚一万元，如果不懂得拿八千元去服务客户，那么我下个月可能连这一万元都赚不到。如果我现在用这些钱去服务客户，不久之后，一个月就可以赚十万元，就是现在一年的收入。"

当时并没有人教我具体应该如何服务客户，我只是感觉到客户服务很重要。在那个阶段，我主要的客户都是女性，更看重服务，于是我给客户做"三陪"——陪聊天、陪吃饭、陪逛街。

这个正确的思维帮助我做了正确的事情，你把客户服务好了，他是会跟随你一辈子的。

当一位代理人真正理解把80%的收入用于服务客户的时候，才算树立了长久经营的信念。正是在这个阶段，我开始建立自己的标准服务流程，从而成就了年薪千万元的目标。

为客户投入，从表面上看是一种习以为常的推销手段，但如果我们仔细分析，就会发现这个举动其实代表了一位推销员的胸怀和野心，这往往决定着一个人成就的高度。

度过了繁忙的"三八妇女节"之后，我还要带客户去台湾体检，这是我和客户之间的固定旅程，既是为了健康，也是为了旅行。我承担所有费用并极力优化这段行程，飞机一定要坐头等舱，酒店一定要住豪华型。连潘亮总经理都觉得好奇："在为客户投入这方面，你真不像贫困家庭出来的。"

在普通的代理人看来，我这种投入算是大手笔了，但我们应该理解的是:"守业"是所有具有创业精神的人最担心的状态。对我而言,就是在为高端客户提供与之身份匹配的服务。

一直以来,社会阶层都是最难跨越的,先跨过去的只能是你的心胸。对于一位寿险代理人而言,先提供适合更高阶层的服务,才能帮助你接触更高层面的人。在很多保险代理人眼里,我是一个穷尽了保险销售技巧的人,从和客户的接触,到面谈、产品说明及促成,我的"招数"都极其高效。

和胡明田夫妇第一次谈保险就是如此,我们在那个周六的上午仅用两个小时就确定了他们全家的保单。更不用说在和伊月子庄园的活动了,3个小时的活动结束后,我一个人签下了4份保单。

但其实,我已经把服务做在了销售的前面,甚至用几年时间来培养互相之间的信任,所以整个销售流程看起来简单轻松又顺理成章。

这符合所有超级推销员的特征:推销员和客户之间,价值百万元的交易可能仅仅通过一个简单的握手就能达成,因为我们彼此信任。

古训今用：苦难是一种资本

> 我曾经把自己的推销诗意地描述为：用双脚丈量厦门的每一寸土地。其实每个人都知道这里面藏着多少挫折和苦难。

前不久，我举办了一场创说会，原计划800多人的场地，来了900多名听众，还有很多人没能挤进会场。我想，除了我个人的号召力，更是保险行业的魅力所在。

我乐于激励人，我在台上的状态可能会与平时不太一样，因为我希望我讲的每一句话都能透露出从事保险业的远大前程，从而点燃年轻人的热情——你们缺少机会，受制于人。现场早已不再拉起"百万年薪不是梦"的条幅，但我这个连续三年获得千万年薪的人真真切切地站在那里，这本身就已经把这个梦想放大了10倍。

有人说我现在是保险行业的"精英"。人们对于精英的界定，无外乎视其财富和才华，对人性的关注却少得可怜。旁人只看得到我们是否事业有成、家财万贯，或者是否幽默风趣、游刃有余，却鲜少有人能够关心我们这期间所经历的痛苦和煎熬，仿佛这些痛苦在达成目标后都变得不值一提。

观众眼里的我是个钢筋铁骨、百毒不侵的人吗？可我想让他们看到的并不只有这些。

台下是形形色色的听众，以年轻人居多，但表情紧张的是中年人，年轻人则显得慵懒一些——他们与我刚来厦门时的状态已经大不一样了。

我为大家展示了一张我刚到厦门时的照片，照片上的我一袭白衣，像每个刚刚进入大城市的年轻人一样，带着拘谨的微笑，眼神里看不到任何自信。只有我自己知道，那时的我承受着怎样巨大的压力：我举目无亲，在陌生拜访中一次次被拒绝，找不到目标市场，茫然无绪。当年的莲坂国贸大厦是厦门的地标性建筑，有大大小小的公司入驻，我经常去这幢写字楼里进行陌生拜访。饱受无数白眼之后，从莲坂国贸大厦走出来往往已是万家灯火，我常常会站在天桥上想："我要不要放弃，然后回家？"

对于这段过往，我经常会带着诗意却不无自嘲地描述为：用双脚丈量厦门的每一寸土地。

其实每个人都知道这里面藏着多少挫折和苦难。

保险代理人的苦难似乎是天生的，从踏进这个行业开始就要每天面对，我并不是最苦的那一个，但我要做最坚持的那一个。我经常给同事们讲这样一个故事：我小时候，母亲曾受到很多委屈，她只告诉我一句话，"女儿，我们穷人家的人，拿人参汤送人，别人都会当洗脚水；如果是有钱人拿洗脚水送人，别人都会当成人参汤"。

把苦难记在心里，并时不时让自己回味，这样做的好处是：不再怀疑任何无法完成的任务。

正是这样，我才可以微笑着面对任何一个客户的刁难，因为我相信自己有能力让他购买我的保险，即便因此受到挫折也没关系——无论如何，这种心理负担也大不过让母亲一直认为自己是穷人的愧疚。

寿险成功的奇迹就是这样产生的——一件事情重复做一遍、两遍、三遍，可能没有什么效果，但重复做一百遍，甚至一千遍，奇迹就一定会出现。

勤奋源于苦难，我就是这样把自己逼到一个无路可退的地步的。

我知道自己形象上的优势，知道自己有着温暖而真诚的微笑，我有天生的企图心和亲和力，是最适合做保险代理的人。可这份天赋不是我独有的，这个行业里出现过很多天赋比我还高的代理人，但很遗憾，她们为自己寻找了退路，选择放弃。

在这个年轻人普遍接受"阶层固化"的年代，苦难的意义似乎也消失了，他们看起来失去了奋斗的动力和途径。但我并不认同，我们有太多从一穷二白做起来的保险代理人。这个行业最大的特点，就是让我们可以淋漓尽致地发挥自己的能力。

电视剧《三生三世十里桃花》热播的时候，忙得无暇开展娱乐活动的我不禁在想，我也要看几集，以便了解一下大家在关注什么。第二天的早会上，面对明欣部几百名组员，我拿起话筒大声说道："你是凡人素素，你老公就算是天族太子，爱你到死也保护不了你的周全。但只要你是白浅上神，四海八荒就要拜你，天族更要加急操办婚礼。"

台下的伙伴们沸腾了，他们没想到我也会去关注他们所追捧的电视剧。讲完剧中情节后，我告诉他们："女人要自尊、自爱、自强，男人作为一家之主，上有老、下有小，更应该自立自强。"的确，苦难是最激励人的，人们都热爱逆袭的励志故事。

  我常常会回顾自己的经历，并不断地告诉自己：有一天，你的成就会配得上你所遭受过的苦难。记住这些苦难吧，没有它们，也就没有今天的叶云燕。

一辈子做好一件事

> 这个行业不是暂时的,一辈子要做保险。我招人的时候,一定要逼他把这句话说出来。

朱美音女士是平安人寿深圳分公司的业务总监,她比我晚一年加入平安。她也是平安的顶尖高手,刚刚取得了平安人寿2016年团队业绩系统第一名的成绩。她的团队里有44位MDRT(百万圆桌会议)成员,位列平安第一,我很崇拜她。

我到深圳参加高峰会的时候,带了三名年轻的弟子,我想请朱美音女士给这三位年轻人上一课。没想到她很爽快地答应了,我的精神瞬间为之一振。她是一位团队管理高手,有着快速识别一个人的能力,她对团队斗志的要求几近严苛。我的三位弟子问了她很多关于初入保险职场的问题,无非是如何保持专注、执着,如何快速开拓市场,看得出来,他们三个都承受着很大的压力。

朱女士问我的一名女弟子:"先解决你为什么做保险这个问题。当别人问你这个问题的时候,你是怎么回答的?"

我的这位女弟子初到厦门不久,取得的最明显成绩是——微信好友从最初的不到10个人,发展到了1 200人。但在回答朱美音的问题时,这位女弟子开始支支吾吾,她说自己一直在向客户推介平安的综合金融，回避了寿险代理人这个身份。

"这个行业不是暂时的，而是一辈子的，你要把保险当成一辈子的事业来做。"朱女士接着说，"我招人的时候，一定要逼他把这句话说出来。"

是啊，如果对保险业的认识不够，没有发自内心的自豪感，连自己都无法感动，又如何能打动别人呢？

保险是一个离职率很高的行业，平均离职率为34.25%，新人在第一年的离职率更高达80%。毫无疑问，每一位成功的保险代理人背后都有一段心酸的展业历程：无数次被拒绝，自尊心和信心屡遭打击，有些代理人甚至好几个月签不到保单。这是很多保险代理人无奈转行的原因。如果没有只做这一件事的信念，是过不了这一关的。

所以，富有管理经验的负责人，一定要让团队成员当着客户的面把这句话大声说出来，说出这句话，既是对代理人自身的激励和约束，也是给客户的承诺和信心。说白了，很多时候客户买的就是代理人这份信心，甚至是对代理人的职业尊重。没有人是天生的营销高手，朱美音女士刚刚成为一名代理人的时候，也曾经害羞得不敢推销，身边的朋友们观望了她一年，直到相信她真心想做保险的时候才开始找她投保。

任何试图加入保险代理人行业的人都听过这句话：1年的努力，10年吃不完；2年的努力，20年吃不完；3年的努力，一辈子吃不完。

有些"聪明人"对这句话不屑一顾，认为这不过是画饼充饥。但是，这句话并非在欺骗年轻人，我就是这样在厦门经过3年疯狂的主顾开拓，从而打下了平安寿险业绩第一的基础的。

很多人一开始并不能理解"一辈子只做一件事"这句话的意义，觉得它励志的成分更多一些，无非是让代理人更坚持、更专注。其实，这句话能产生更大意义的原因在于：它是在和代理人的历史污点对抗——我们说过那个"旋涡"，它能真正让代理人提高专业素养，产生道德约束。

关于代理人困境的解决之道，很多有识之士早就提出：做保险不能只看3~5年的短期利益，更应该将其视作终身职业。打好基础后，年纪大了慢慢就能享受成果，时间越长，成果越大。但目前要做到这一点，在国内并没有制度约束和保障，甚至连生长出这个观念的土壤都很贫瘠，所以朱美音才要逼着她的团队成员把这句话大声说出来。

我们刚刚提到了"职业尊重"，这就是说出这句话、专注于这个信念的意义。不断地对自己说"我只做这一件事"，首先就会想清楚自己所做的这份工作，对社会、对他人究竟有什么样的意义。意义越大，你越会觉得自己所做的事业很神圣，你会尊重自己，你会很用心。

同时，将自己的精力和专注力投入工作中，客户会看在眼里，每个肯努力付出、追求精益求精的人，都值得被尊重。

我在厦门之所以能树立好口碑，很大一部分原因就是这句话：

一辈子只做这一件事。

　　刚刚进入代理人行业遭受挫折的时候，我会对自己说："我只会做保险这一件事。"这是我给自己打气，可能出自刚入行时的生存压力。而当我真正明白了寿险的意义和作用之后，我经常会由衷而自豪地跟客户说出这句话。为什么不呢？

　　从说出这句话，到实现这句话，则是一个更大的飞跃。20年代理人生涯让我的成长轨迹相当清晰而完整，这对我来说很重要。因为这是自我肯定的依据，能让自己感觉到成就和责任；对客户而言，能让他们清楚地看到我的成长轨迹，这意味着我的坦诚，也代表着我值得他们信任和托付。

　　如今人们的保险意识已经大幅提高，当厦门的企业主们想要投保的时候，他们很难不注意到我这位厦门寿险领域独一无二的代理人。人们总是说，长度造就广度和深度，在寿险这个领域，长度造就的是专业度和美誉度。

　　我遇到过一家大型公司的高管，第一次拜访，我就吃了闭门羹，但我并没有自此放弃，而是坚持逢年过节给他发短信，起初并没收到过回复。直到有一天，我接到了这位高管的电话："有个业务员给我推荐了一个险种，我觉得不错，但是那个业务员讲得太夸张，我认为你比较专业，请过来给我讲解一下。"

　　我刚到他办公室，对方就发问："这个产品到底怎么样？"我微笑以对，详细分析了这款产品的优劣，并结合这位财务总监的实际情况给出了合理的投资建议，对方心服口服。

　　同这位高管一样，厦门的很多企业主都乐于把保单交到我手里——因为放心。他们都觉得找我买保险很有保障，不怕哪一天找不到人服务。也有很多人把十几年前的"孤儿保单"交到我这里，因此我还特意开拓了一块独有的业务领域，叫作"保单检视"。

一次偶然的机会，有位女企业家给我打电话，让我去做保单检视。做完之后，这位企业家的感觉特别好，她终于知道曾经买的那么多保险究竟是保什么的，同时也知道了自己还缺什么。我当时就为她设计了两亿元的保障，其中包括上千万元的重大疾病保险。

"我是只做一件事的人"，这句话说起来很短，但信念的力量却很强大，它可以帮助一位代理人变得专注、专业和独特，能让代理人在对抗旋涡的时候理直气壮，并因此赢得尊重，奠定自己的社会地位。

第 3 章
跃迁学习：成为技术高手

> 我们不要因为挫折而怀疑自己，更不应该怀疑保险行业，反而应该把不道德的保险代理人和保险划清界限，否则无形中就是在为保险业的畸形发展买单，这等于在为还未发生的事过分担心。很多人不敢开口说保险、不敢促成，很大原因也是如此。

提高"挫折商"

> 对待逆境的态度,在许多方面决定了一个保险代理人能否成功,乐观的销售人员卖出的保险单要比悲观的销售人员多88%——尽管他们的才华差不多。

我刚入行时,听到最多的问题就是:"为什么放着好好的工作不做,偏要去卖保险呢?"

作为一名保险从业新人,当时的我并没有多大底气去辩驳,然而,随着入行后对保险认识的不断深入,时至今日,我想告诉大家的是,"你怎么看待自己,你就会变成什么样的人"。

保险行销对我们提出了三个最基本的要求:第一,必须坚信,保险作为分散风险、分摊损失的工具,确实能够为客户带来好处,尽管客户不一定能够认识到这一点;第二,必须认识到,保险销售遇到很多挫折是正常的,你可以靠概率取胜,但你更应该有所作为;第三,既然一定会遭遇大量挫折,就必须做到心态好,要学会自我调节。

这里就涉及一个"挫折商"的概念,挫折商也叫逆商,可以简单理解为对待挫折时的态度。这是一个非常有趣的概念,保险代理人经常成为挫折商的研究对象,因为在这个行业里确实会遭遇很多挫折,但这些挫折都是能够被克服的,进入这个行业并不完全是

"逆境求生"。

记得刚成为保险人时,我常用一句话来勉励自己,现在也把这句话送给大家:每天出门,我们都会遇到三种人,第一种人是拒绝你的人,拒绝你的人都是你的恩人;第二种人是打击你的人,打击你的人都是你的贵人;第三种人是支持你的人,支持你的人都是你的恩师。

能走上开发高端客户这条路,也表明了我应对挫折的态度,我对自己说:既然做保险肯定要被拒绝,那为什么不选择被有钱人拒绝呢?

当回顾自己20年的代理人经历时,我发现,一帆风顺的订单也有,但挫折失败却更为常见。优秀的保险代理人遭受挫折后,能够迅速调整过来,并继续努力。而性格脆弱的保险代理人一旦遭受挫折,就容易心灰意冷,"一朝被蛇咬,十年怕井绳",低落的情绪会持续很久,有的甚至从此一蹶不振。

其实对代理人而言,这个世界没那么复杂,我们无非是被拒绝,或者被打击——只不过比其他行业的挫折来得更频繁一些罢了。我也曾经因为客户的打击而流眼泪,但我在心里对自己说:"这个客户拿不下来,我决不罢休。"

我看到过一项关于挫折商的研究报告:"研究发现,对待逆境的态度,在许多方面决定了一个保险代理人能否成功,乐观的销售人员卖出的保险单要比悲观的销售人员多88%——尽管他们的才能相差无几。"

我从心底里感激曾经拒绝我的人和打击我的人,因为他们帮我提高了挫折商。拥有高挫折商的人，抗压能力往往更强，这类人通常拥有四种特征：高控制感，事情再糟糕也相信自己能掌控局势；内归因，倾向于从自己身上找原因；低延伸，不把挫败感延伸到其他领域；高耐力，不是盲目忍耐，而是建立在预见力之上。

提高挫折商的第一步，就是敢于剖析受挫和失败的原因。我们要了解自己，利用自己的长处进行营销，从而形成个人竞争的资本，找到属于自己的方式。对于自己的短板，则要正视它并努力进行完善。只要能够正确看待缺点和不足，主动提升自己，你就会发现这些缺点和不足同样会让你不断进步。

在进入保险行业初期，大部分代理人都是满怀热情的，但很多人往往不具备符合市场的思维、技能、眼光和习惯，更重要的是没有大量的成熟客户群体。因此，在初期只能推销——通过一对一的方式，以产品为核心，在大量的准客户群体中筛选出具有直接需求的客户以达成销售。

当一位保险新人通过制度化培训时，会突然发现保险非常有价值，每个人都需要。当他认识到保险行业的制度以及收入体系的时候，更会热血沸腾。在这个阶段，代理人往往会更关注收入，更想快速通过自己认识到的保险的价值来打动客户，从而赚到第一桶金。

这一时期，代理人付出最多的是精力，收获最多的却往往是挫折。我刚做保险的时候，因为热爱，大量拜访是我当时最常见的工作状态。1999年7月我来到厦门，便开始疯狂地进行陌生客户拜访，加上前半年在宁德的保单，这一年里我共签下了580单。

当时很多人对保险并不认可，认为保险是骗人的，很多代理人对产品和条款也是一知半解。我在不断被拒绝和被打击中，开始刻苦学习保险专业知识，学会站在客户的角度理解保险。这让我收获了很多人的认可，包括那位曾经打击我、让我流泪的客户，最终也因为我专业的保险说明能力，和我签下了保单。

如今人们的保险意识已经大幅提高，如果现在的代理人能有我们当时的工作状态，成功率一定会更高。

我们不要因为挫折而怀疑自己，更不应该怀疑保险行业，反而应该把少数不道德的代理人和保险行业划清界限，否则就会让这些少量的行业畸瘤给保险业带来不良口碑，也会让绝大多数真正充满热情的保险从业人员失去信心。

当然，更不要因为在上一位客户那里受挫，继而放弃寻找下一位客户。代理人对没有签单成功的客户可能有些抱怨和牢骚，因为他们花费了很长的时间、很多的精力来跟进，而且保单金额较大，所以受挫后会变得偏激；有人会因为客户量不足以完成任务而急于签单……这些情形都可能会影响自己与客户交谈时的心情和状态，难免会显得急功近利，不够从容，而这些恰恰都会被客户感知，反而会造成不利的影响。

受到挫折的时候，我会积极寻找正能量，别人的一条短信、一句问候，甚至一个认同的眼神，我都会发自内心地感恩，这可能只是他们出于善意的本能，但我会把它看作一种鼓励和支持。

我也乐于从知识和书本中汲取力量，还通过微信和微博，让自己成了一名正能量的传播者。

在我要求新人必须做到的四件事中，排在第一位的就是出勤，每天必须来到工作场所，早会之后，他们会像我一样自信满满地走到客户面前。我们不要排斥口号，因为我们都曾在口号中学习，在口号中展业，这些口号是一个时代的印记。

其实，面对代理人多年以来的困境，我也会扪心自问：自己选择保险销售，是否真的像外界认为的那样心酸？从事保险的这20年，我收获了什么？

我可以很自豪地说，我从来没有否定过自己，也没有否定过自己选择的职业。即使有一些说错话或用错方法的时候，也可能得罪过客户，但我是一个能够虚心接受别人建议的人，行动力也很强，如果意识到错误，我会立刻纠错。

做一名保险代理人也属于创业，但风险系数与其他行业不同，我们这个行业唯一的风险就是不努力。

我一直认为职业没有高贵低俗之分。安于现状，不去努力改变，不积极进取，会令人遗憾。

除了展业过程中受到的挫折，我也会受到行业竞争的打击，但我现在非常感激打击我的人，我相信那句话：小胜靠人，大胜却要靠敌人。

在成年人的世界里，重要的并不仅仅是智力、能力、谁加班时间更长、谁与客户关系更好、谁能未卜先知等，而是体面。

做一个体面的人，在任何场合，守住底线和尊严，漂亮地解决问题，才是应有的格局。

画一幅客户关系图

> 挖掘推介线索相对简单，但也需要代理人保持敏感，对人际关系有清楚的认知，通过观察和交流，从老客户周围的事物中发现可以借以延伸到新客户的关系资源。

在离开霞浦来到厦门之前，我就开始收集霞浦在厦老乡名单，这是我在厦门的事业起点。

在展业的最初阶段，我坚持陌生拜访和开拓老乡资源两手抓。1999年，我上半年在宁德，下半年在厦门，那一年我做成了580单，这是个惊人的业绩。

但我很快就放弃了陌生拜访——这条路艰难到差点儿把我逼回霞浦。当然，后来我还有很多通过陌生拜访做成的大单，但这并不属于真正的陌生拜访，而是带着线索登门的，或许这就是我和其他代理人拉开距离的地方。

在寿险业，我们能看到很多这样的代理人，他们很勤奋，无论是陌生拜访还是出街摆摊都精神抖擞，希望用自己的执着和坚持打动客户。然而，如果翻开他们的客户档案，我们就会发现，虽然他们有人数很多的客户群，但每个客户都是孤立的，这说明了一个很重要的问题：他们的客户都是逐个随机攻克而得到的，这导致了他们的工作效率极低。

说到这里，我们就要复习一下寿险营销的缘故法，相信代理人对此并不陌生，很多岗前培训手册里也都写明了——一个人的"缘故"是多方面的，一般来说，有两种划分方法，分别是："五同法"，即同学、同乡、同事、同好、同邻；"五缘法"，即亲缘、地缘、业缘、神缘、物缘。

这些话理解起来并不难，但怎么去挖掘和利用这些线索，对很多代理人来说是个难题。所以我们就看到寿险业里一个很常见的现象，也是在增员时被外界诟病最多的：很多代理人的职业寿命是和"人情单"高度绑定的，亲戚朋友开发完了，就只好离开这个行业。

我不断提及自己来到厦门之前在霞浦逢人就问的举动，其实是想鼓励代理人在人际交往方面再迈一步，其中最有效的方法就是画一幅客户关系图。

画一幅客户关系图，可以有效解决两个问题：第一，找到推介线索，为主顾开拓做准备；第二，方便根据不同关系、不同行业的客户准备相应的话术，做到客户类型化，从而找到最适合自己的目标人群。

代理人首先要坚信一点，挖掘推介线索并不是一件很困难的事，这个要求总比转介绍要轻松，毕竟转介绍是个"索取"意味很明显的举动，而理论上，客户并没有为代理人介绍新客户的义务。挖掘推介线索相对简单，但需要代理人保持高度敏感，对人际关系、企业动态等有清楚的认知，通过观察和交流，从老客户周围的事物中发现可以借以延伸到新客户的关系资源。而其中的重中之重，就是利用好工作日志，有意识地做客户类型化分析。在工作日志里，除了记录针对每一个客户的持续服务情况，还要建立针对不同客户群体的类型化档案，画好客户关系图。

我最大的强项就是主顾开拓，在20年的主顾开拓生涯当中，我总结出了16个字——主动积极、尊重他人、持之以恒、不计报酬。这是心态上的准备，也是成功的客观规律。

我刚到厦门的时候，会先给提前找到关系的老乡打电话："尊敬的××您好，我跟您一样，也是霞浦的老乡，您的电话是××告诉我的，我刚刚调动到厦门，在这里我一个人也不认识，希望有机会去拜访您，得到您的支持。"

每当成功和老乡约见面之后，我会立刻跟他说："你在厦门生活了这么多年了，你肯定认识很多我们的老乡。"我会让对方给我写一份在厦老乡的名单。

凭借这一个小小的举动，当我再去拜访新客户的时候，这位新客户和早先某个客户之间就不是互相孤立的，而是有联系的，这样，保险代理人就可以借用客户之间的相互了解，打破准客户对代理人的心理防御。

做好这些关联线索的挖掘，也是需要技巧的。

厦门航空的一位机长曾经是我的客户，还给我介绍了十几位其他机长，更重要的是，我拿到了厦门航空几百位机长的通讯录。从此以后，只要我乘坐飞机，就尽量选择厦门航空。

拿到这份通讯录以后，我做的第一件事情就是将所有机长的联系方式全部录入电脑，逢年过节一定要发祝福短信，我的手机里自然也存入了所有机长的电话。

上飞机之前，如果机长是我认识的，我就会打电话给他；如果是不认识的，那么我会发信息："尊敬的××机长您好，我就是那个逢年过节给您发短信，打扰过您、祝福过您的平安的叶云燕。今天非常有幸得知您将驾驶××航班的飞机，我今天也非常荣幸可以坐上您驾驶的这次航班，我和厦航的××是好友，希望有缘与您相识。"

下飞机以后，我一定会再发一条短信："机长您好，今天非常有幸乘坐了您驾驶的飞机，也感谢您把我们安全地带到目的地，辛苦您了，您好好休息，期待我们回到厦门见面。"

这样一来，我既和机长有了初次接触，又约好了下次面谈。

一般而言，某个圈子里如果有几个人在一位代理人这里投过保险，那这位代理人就不必再为如何赢得下一位客户的基本信任而下功夫了。人们都有把自己的想法分享给别人的心理趋向，圈子里彼此之间的转介绍是有动力的。有了这份客户关系图，代理人就掌握了客户彼此间推介的线索，并可以直接向客户提交可以尝试拜访的名单，而不是开口向客户索要转介绍名单，因此，客户往往十分配合。

所以，代理人在准备面谈的辅助资料时，不妨搜集准客户的同事或邻居的名单，在面谈结束后请对方推荐。

在要求客户帮忙介绍的时候，与其说"是不是能够替我介绍一位……"，不如说"贵公司有一位林先生，听说最近从分公司调回来……"。

确定自己的里程碑事件

> 很多代理人往往忽略自身的里程碑事件,或者不知道如何定义自己的里程碑事件,那不妨设定一些可能的目标陈述,并将它们作为自我管理的起点。

当我和客户坐在一起的时候,无论他们聊了些什么,最终都少不了问我这样一个问题:你怎么能有那么多精力,做那么多事情?每当听到这句话的时候,我都能看到客户脸上真诚的赞许,他们想从我身上学到一些时间管理的方法。

在厦门的企业主圈子里,优秀的时间管理能力是我特有的一个标签。我每天要面对形形色色的人,参加各种各样的活动,带领一支1 000人的团队。

我在跟客户们分享时间管理经验的时候,会提及这样一个名词:盒装时间。就是将"时间"进行打包管理,像装盒子一样,把每月、每周、每天所要做的事情分门别类打包好,并严格执行。

每年年末,我一定会把次年要做的主要事情列出来;每个月的月末,我同样会把下个月每一周要做的事情规划好;在每个周末,我会把下一周的计划细化到每一个时间点。

做这件事情的基础,是要有一个清晰的目标。自从进入保险行业，我就知道自己所做的一切努力，就是为了实现自我。我很清楚自己想要什么，想要达到什么样的高度，想要实现什么样的生活状态。所以我告诉自己，我要为这一天、这一周、这一年，甚至这一生，定下一个目标，我要以我曾有的最好成绩为基数，使它增值100倍。我绝不担心把目标定得太高。超越自己的事业才是首要的，所以每天都要逼着自己进步一点点。因为，把矛头瞄准月亮而只打到一只老鹰，总比把矛头瞄准老鹰而只打到一块石头更好，不是吗？

我总结过自己性格中的三个特点，分别是：极强的荣誉感、目标明确和使命必达。这是指向性非常强的个性，只要给我一个目标就好了。

我的成长经历是伴随着一个个里程碑事件的，我的区长鼓励我要做第一，于是我用3年时间成了厦门第一，用6年时间成了福建第一，用10年时间成了全国第一。

很多代理人往往忽略自身的里程碑事件，或者不知道如何定义自己的里程碑事件，那么，不妨设定一些可能的目标陈述，并将它们作为自我管理的起点。

我们期望的每一件事都可能是一个机会，它让我们厘清思路，并专注于自己想要的东西。

如果说哪个行业的时间是自由的，寿险代理人肯定会位列其中，然而也正是因为这一点，才会让这个行业的从业人员之间存在巨大的差异。说得残酷一些，就是如果一位保险代理人没有学会最基本的自我时间管理，那么，他是没有办法在这个行业生存的。因为每天只有早会在约束考勤，早会之后呢？是没有人会督促你的。

很多人评价我是一位时间管理大师，只有极度专注和自律的人才能掌握这一能力，这也是我引以为傲的一点。我经常说："时间是公平的，也是可以规划的。"从我工作的第一天起，我就开始记工作日志，20年来，我的工作日志已经写了厚厚的几百本，如果没有工作日志，自己便会觉得有些茫然。任何事情的失败都是没有计划的结果，我就是用计划将保险事业经营起来的。在我对未来生活的规划里，每一天的想法、发现和努力，都是"有据可查"的，那便是我的工作日志——我用来记载寿险工作的生动资料，也是我每天进行自我鞭策的工具和法宝。

很多年前，我去拜访一位客户。他对我本人还是有好感的，觉得我言谈举止大方得体，但就是不认可保险。在拜访快要结束的时候，他这样对我说："我现在不打算买保险，这样吧，你五年后的今天再来找我，那一天，我肯定签单。"

后来，我在整理自己工作日志的时候看到了当时的记录。于是，五年后的同一天，我出现在了那位客户面前。

一开始，客户不承认自己说过那样的话。于是我笑着将自己当年的工作日志摆到了他面前。那上面详细记录了当时见面的时间、地点、谈话要点，以及他的承诺，就连他当时穿的衣服是什么颜色的，我都记录在册。

可以想象，那位客户对我的细致工作和良苦用心刮目相看，他再也没有任何犹豫，便在我这里签下了他人生中的第一张保单。

对我来说，手机或钱包丢了不会让我感觉心疼，但如果工作日志丢了，我会晕倒。

人们对于时间的理解，往往会随着自己事业的发展逐渐改变，从成就斐然的人那里，我们听到最多的一句话是：时间是最大的敌人。

但在我看来，时间是一个概念，不要过分关注它的长短，重要的是事件的完成度。

我们靠结果生存，却无法控制结果，但我们可以控制过程。当过程被合理有效地控制时，结果将会变成必然的。我始终强调，工作并不是只有结果才能带来快感，在过程中每做完一件事情并打上钩，告诉自己又一件事情告一段落时，那种成就感和感动，比签一百万元的保单还要让我开心。

一件件事情做完再打钩，这本身就是一个充满成就感的过程，所以我不会轻易地浪费时间。比如我现在已经有了今年4—5月的初步行程。这样一来，在同样长的时间内就可以做更多事情。

山本耀司是世界时装日本浪潮的设计师和新掌门人，他说过这样一段话："我从来不相信什么懒洋洋的自由，我向往的自由是通过勤奋和努力实现的更广阔的人生，那样的自由才是珍贵的、有价值的；我相信一万小时定律，我从来不相信天上掉馅饼的灵感和坐等的成就。做一个自由又自律的人，靠势必实现的决心认真地活着。"

  这段话在国内广为流传，并被很多人当作自我管理的真理，我也是这句话的拥趸——我经历了 3 年近乎疯狂的主顾开拓，又用 3 年时间建立了目标市场和服务体系，终于在第三个 3 年成为高峰会会长，这一切都是在规划和自律的基础上实现的。

刻意练习：搭建自己的学习区

> 知识贫乏的代理人不可能成为一名优秀的保险代理人，在营销界中出类拔萃者无一不是拥有广博学识的人。

我给代理人做培训的时候，经常会拿出自己刚到厦门时的照片与现在的照片做对比。以前大家对我的印象是一个很可爱、很真诚的女孩儿，但现在他们会觉得我是一个很知性、有智慧的女性。这种变化正是源于不断完善自己的内在，不断地提升自己的境界。

保险代理人从来没有停止过对知识的渴求，我刚到厦门重新开始保险事业的时候，后来与我亦师亦友的蹇宏先生是当年的寿险明星，他是1999年的平安人寿全国冠军。

根据丁庆年先生的回忆，在上海召开的全国高峰会上，他们两人住同一个房间，蹇宏1个小时的演讲震撼全场，前来请教的人挤满了酒店房间，丁先生负责添茶水，一天只能睡3个小时。

当时的我并没有资格参加全国高峰会，但我后来居上，并被蹇宏先生称赞为第一位建立专业客户服务系统的代理人。从此，我也成了代理人取经的对象，我在2005年被评为平安五星导师，也是厦门第一位五星导师。

但有时候我也会质疑这种学习的效果，当然，我质疑更多的则是台下代理人的态度和执行力。

在几年前的一次年度分享会中，我上场的时候掌声雷动，台下坐着1 000位听众。我的演讲PPT打开之后，不断有人拍照，于是，我对台下的听众说："如果你们需要这份PPT，会后可以来找我要，别看现在我们有1 000个人在听、在拍照，但会后立刻会行动的却未必超过10个人。"

我记得那期分享的主题是"高效服务是主顾开拓的根"，是我从业近20年的部分精华。我当时抱着极大的热情，毫无保留地分享了自己的经验，但同时我也悲观地预测了一个1%的执行比例。

其实，不仅仅在代理人群体，包括整个职场，这个比例也是很常见的。优秀的代理人应该把时间分为两个区域，一部分是学习区，另一部分是执行区。执行区是我们平时的工作，学习区是另一块区域，专门用作自我学习和成长，在这块区域中，我们要做的是不断尝试、更新、反馈、反思，从而提高自己的能力。要尽量发现自己的不足之处，继而改变和完善，而在真正的执行区，我们要做的则是尽可能减少犯错的次数。

学习区是很有必要的，但因为人们害怕失败和失败带来的风险，便让自己一直处于执行区——忙于展业、忙于受挫，没有了学习区的反思、反馈、提高和进步，也忽略了自身的学习和提高，从而进入一个死循环。

在竞争日益激烈的保险市场，代理人的整体素质也越来越高，

第3章
跃迁学习：成为技术高手

如果想在竞争中胜出，就必须坚持不断地学习。知识匮乏的代理人不可能成为一名优秀的保险代理人。在营销界出类拔萃者无一不是拥有广博学识的人。真正优秀的代理人，永远不会认为自己已经掌握了所有知识。

自从入行以来，我便非常重视学习和知识的储备，借以提升自己的个人素养和专业素质，以便为客户提供更精准、更专业的财富服务。除保险知识外，我涉及的学习平台还有很多，比如基金、证券、税务、法律等。

我非常舍得进行智力投资，凡是有学习的机会，我都不肯轻易放过。尽管个人业绩和团队建设都已经走上了良性发展的轨道，但我仍然不敢有丝毫懈怠。

2008年8月，我投身到为期五年的CIAM（寿险博士）学习中，有些人的论文要改好几次才通过，而我一次就通过了。与此同时，我参加了厦门大学管理学院举办的各种课程学习，同时成为福建第一批RFC（国际认证财务顾问师）、CHFP（国家一级理财规划师）、AWIP（中国财富传承管理师）。在不断学习新知识的过程中，我不仅深刻意识到传统寿险从业者向财务规划转型的必然性和重要性，也在传统销售业务的开拓方面做了一些大胆的创新和尝试，并取得了不错的效果。

其中，我首创了一种保险说明方法，叫作"画圈圈账户销售法"。在向客户做产品说明的时候，我通常会拿出一张白纸，先在白纸的中间位置画出一个圆圈，表示保险产品，然后围绕这个圆圈画出多个圆圈，表示客户可以得到的利益。在画圆圈的时候，产品的圆圈要小，从而淡化产品销售；代表客户利益的圆圈要大，让客户在视觉上即可感受到巨大的获益。

这个"画圈圈账户销售法"简单明了，可以让客户一目了然地看清自己所购买的保障内容，因为所有的保险利益都体现在一张表格上，老少皆宜；可以让寿险营销人员不露痕迹地销售保险理念与产品。因此，这个方法深受客户认可，屡试不爽，不仅在明欣团队里得到推广，还被许多同业团队参考学习。

我的一位客户是某上市公司的职业经理人，听过我的"画圈圈账户销售法"之后，他欣喜地对我说："很多人给我讲保险我都听不懂，你讲了三分钟，我就全懂了。"但我并不确定，还是会十分谦虚地问一句："我有没有说清楚？"客户回答说："百分之百说清楚了。"

2009年，我第一次前往美国，参加MDRT年会，这是新时代的保险业对代理人提出的要求：一位代理人如果没有国际化视野，不了解国际保险的安排，不与高手一道，便无法突破自己的天花板。

参加MDRT时，我身边都是年薪一两千万元的代理人，那个时候我已经连续4年位列平安前三，可我的收入才两三百万元。不过，我非常清楚，他们的现在就是我的未来。

这次"走出去"让我更全面地了解了MDRT"全人"的理念，对自身的境界和专业能力都有很大的提升，后来我成了MDRT的常客，还担任了多年的MDRT区域主席及中国区主席。

在国内，我会积极发掘优秀的导师，北京大成律师事务所"家族办公室"法律团队负责人王芳律师就是我的好朋友，她出了一本书，叫作《家族财富保障及传承》，里面就讲到了很多财务管理的知识。

我听过王芳律师的课，也曾邀请她到厦门给我的团队和客户讲课。对保险代理人而言，法律、信托、财富传承，是与我们的工作息息相关的。此外，我们还要去学习很多医学和心理学知识，寿险营销是个需要不断学习的行业。

细节：仪式感和归属感

> 寿险营销作为一门读人的艺术，仪式感更是不可或缺，从精心挑选的礼物到精致的计划书，以及重要节日的促成时机，都是细节中的仪式感。

我很注重仪式感，通常来说，注重仪式感的人会更注重生活的细节，也能够收获尊重。而客户在我所营造的仪式感中，能够体验到一种相似的情感和思维，从而建立双方属于一个群体的归属感。

由来已久的"过节热""庆典热""礼仪热"无不昭示着"仪式感社会"的到来，人们对仪式感的追求越来越强烈，与仪式相关的消费行为越来越普遍，由仪式感催生的产业也越来越有前景。

从经济学的视角看，这种"仪式"消费趋势正在逐步加深，它表明人们的消费需求正在发生着全新的变化：由物质消费需求占主导进入精神消费需求占主导的时代，即"心经济"时代。寿险营销作为一门读人的艺术，仪式感更是不可或缺，从精心挑选的礼物到精致的计划书，以及重要节日的促成时机，都是细节中仪式感的体现。

我当然注重这些细节，更注重用仪式感打造口碑，经营品牌，搭建平台，在这个基础上，我把感恩会办成了厦门企业主一年一度的节日。通过仪式化的内容设计，对自身的某种象征意义进行个性化的、上升到精神层面的一种理念传达，就会让人觉得具有了仪式感，让人更加重视，也会给人留下更深刻的印象。重要且印象深刻的事，会在人们交谈中经常被提起，这就是口碑。

2009年，我举办了自己的第一场感恩成长见证会，此后，我每年都选择一个不同的主题举办感恩会。感恩会与产品说明会是完全不同的，产说会以推销产品为目的，感恩会则以感恩为目的，就是要让客户的体验和感觉更好。因为如果把客户邀请过来，却又推销产品，那就变成"鸿门宴"了，客户的体验会非常不好，下一次就不会再来，这样做对代理人的个人品牌会有巨大的伤害。

一个正在崛起的社会和充满希望的人们，都渴望一种庄重的仪式感、一种对于生命的敬畏和被尊重的感觉，这正是我想要传达给客户的感觉，换句话说，其实是在给客户一种心理满足。

2010年，我计划邀请100位亿万富豪参加我的感恩会，最终来了78位，我觉得还不错，因为他们其实非常难请。

我很关心宴会的内容设计，争取做到每一个环节都精心安排。2015年9月19日，我在和伊月子庄园的草坪上举办了一场感恩晚宴，特意选择了一个不对外经营的场所，椅子、鲜花、桌布，甚至树上悬挂的灯笼都是专门定制的。

我在给客户的邀请函里写了这样一段话："越过城市的喧嚣，走进宁静的庄园。放下商务场上的雷厉风行，谈笑风生间回归生活的本真。"

以前我们都是用纸质邀请函邀请嘉宾，这次我用的是电子邀请函，将确定参加的嘉宾组建成一个群。我会把筹备过程中的亮点，比如海魂衫、紫色的地毯，还有筹备过程中的点滴感想，发到群里分享，让每一个人都很期待。

由于场地原因，当天的晚宴只能邀请 70 人到场，实际到会 67 人，没能到场的 3 个人也都是因为飞机晚点这类不可抗拒的情况，而这 67 人中，有 20 多位上市公司总裁。

我每年举办个人感恩会，其实也是在跟客户说明："我就是要给你们提供一个互相交朋友的平台。"

每年的感恩会，我都会精心安排来宾，其中有一半人是老客户，另一半则是不太了解我的人。因此，每年的晚宴现场都可以称作我的品牌推介会。

在规模较大的感恩晚宴之外，我也会举办家宴，这是受靳羽西女士的启发——这位身处美国上流社会的成功人士告诉了我如何安排家宴。

我会从花店请一位专业的花艺师，用整个下午的时间把客厅和餐厅布置得特别漂亮，然后在家宴群里发一条信息：在铺满鲜花的家里等待着你们的到来。

没有人不期待这样铺满鲜花的客厅。晚上 6 点左右，客人们纷纷如约而至，这些受邀请参加家宴的人也都是我一生最要好的朋友。

仪式感也是培养客户的认同感、打造个人品牌的好时机，与此同时，仪式感还能够增强客户对自己消费决定的自信心理，从而更加认可产品的价值。

我们就是要为客户找到一个购买理由。

我曾经有一位客户吴老师，当时久攻不下，但最终她签下了我人生中的第一张百万元保费的保单。

当时是2006年5月，平安人寿厦门分公司计划召开一场发布会，但与会的人并不多。我接到这个消息后，当天晚上便给吴老师打了一个电话，说我刚刚开完会，有一件非常重要的事情要向她汇报。

我告诉她，平安人寿厦门分公司将举办一场VIP客户的答谢会和产品发布会，厦门只有100名企业家能参加，到时各大媒体也会过来。我作为平安人寿厦门分公司最优秀的员工，公司给了我一张门票，一拿到门票就给吴老师打电话，希望她能来参加产品发布会。吴老师听完很高兴，立刻就答应了下来。

发布会的前一天，我又给她打了一个电话，说平常专门请您吃饭很难，无论如何明天一定给我一个机会，在开答谢会之前一起吃个饭。

那天吴老师来了，打扮得非常漂亮，戴了一条很精致的项链，我和她坐在一起。发布会现场，平安人寿厦门分公司有很多人都带着相机，我跟他们交代说，让他们拼命地给我们两个人拍照片。

那场发布会让吴老师感觉非常好，她坐在嘉宾席的最前面，在闪光灯下，耳畔都是其他代理人对她的赞美。当天还有一个环节，平安人寿厦门分公司总经理会亲手为现场签约一百万元保费的客户送去精美的礼物，吴老师当场就签下了一份一百万元保费的意向书。到了体检环节，我特地约在周末，体检人少是其中一个原因。我还安排两个助理分别打车到两个医生的家里，把他们接来为吴老师体检，吴老师觉得我非常重视她，也感受到了我的用心，于是这张保单就顺利地签下来了。

  10年前，我总结过一个做高端客户的朴素道理：建议书要特别精美，与客户接触时说的每一句话都要精心设计，以及营造仪式感以促成签单。

第 4 章
互联网社交下的主顾开拓

在美国，有一位连续 11 年获得业绩冠军的油漆销售员，他在一次分享销售的秘籍时说，当你开口向别人说需要他的帮助的时候，没有人会拒绝你。这个现象已经被写进了心理学：你如果想和一个人增进感情，最好的办法是请求他帮你一个忙。

如何进入精英圈

> 如果想跟上这个社会的脚步,代理人唯一能做的就是扩大自己的社交圈子,放弃急功近利的想法,对任何人都以诚相待。

厦门市宁德商会位于一个街角,穿过一间"福鼎白茶"的店铺,二楼是会议室。该商会现任会长是黄健——燕之屋创始人,他从1997年开始在厦门创业,苦熬了20年,成功打造出如今的燕窝第一品牌。

这些富豪和我有着相似的经历,我们不约而同来到厦门,创建自己的事业并完成财富积累的时间线是高度重合的。也可以说,我是和这些富豪共同成长起来的,我们之间很早就有交集。

其实,说起和这些富豪的相处,我永远也忘不了自己躲在厦门金宝大酒店角落里的场景,那是我第一次参加厦门的霞浦老乡会。

当时我刚来厦门不足一个月,通过家乡影楼老板的介绍,我认识了厦门一家房地产公司的林总。我经常去拜访林总,但他的态度很冷淡。又一次拜访时,林总正在跟别人通电话,他示意我坐着等一下,我凑巧听到他在电话里谈到即将召开的霞浦老乡会。

这对我而言是个绝佳的机会,我诚恳地对他说:"林总,我需要您的帮助。"

对方很诧异："要我帮助什么？"

其实这是我善用的一句开场白，每当我说这种话时，都会想起一个故事来激励自己：在美国，有一位连续11年获得业绩冠军的油漆销售员，他在一次分享销售秘籍时说，当你开口寻求别人的帮助时，没有人会拒绝你。这个现象已经被写进了心理学：如果你想和一个人增进感情，最好的办法是请求他帮你一个忙。

我接着对他说："我刚到厦门，做的是保险这个行业，需要认识一些人，这次老乡会，您可不可以带我去参加？"

听了我的话，林总面露难色，他思考了片刻后对我说："这次老乡会并不是大范围的，是层次比较高的一些老乡的聚会，带你去不大合适。"

我当然很清楚自己当时的分量和价值，于是对他说："您专门带我去，可能很麻烦。您看这样可不可以，我给您当帮手，只做服务，在会上只负责端茶送水。"

也许是我诚恳的态度打动了他，林总想了想说："那好吧，我们三点开始，你三点半再来吧。"

我两点半就到了金宝大酒店。为了这场活动，我特意到厦门著名的中山路步行街，一咬牙花800元买了一件粉红色连衣裙，当年的800元对我来说是一笔巨款。穿着这身衣服，我躲在酒店的角落里，一直等到三点半。正式进入会场之后，我没有做任何喧宾夺主的事情，只是全神贯注地听着老乡们的发言。当大家做自我介绍的时候，主持人看到了我，因为我很醒目——其实我是故意的。

我的自我介绍很简单："今天很荣幸能有这样的机会认识大家。我的名字很好记，一片叶子、一朵白云和一只燕子组成了我的名字，我叫叶云燕。由于我在宁德平安表现出众，刚刚被调动到厦门平安，我来这里一个人都不认识，在未来的道路上还希望得到哥哥姐姐的支持，谢谢你们。"

整场老乡会上，我表现得就像自己承诺的那样：端茶送水、给大家分菜，如同一位真正的服务员。老乡会结束后，我从林总那里拿到了一份老乡会名单。我心里清楚地知道，如果不继续跟进这些人，他们对我来说仍然是熟悉的陌生人。

中秋节即将到来，我想借这个机会开拓老乡市场，但我当时的生活很艰辛，甚至连像样的月饼都送不起。于是我另辟蹊径。我的家乡霞浦是一个风光旖旎的海边小城，我从那里买了一批别致的明信片，上面都是家乡人引以为傲的霞浦风光。我按照林总给我的老乡名单，给每个人都寄了一张明信片，祝老乡中秋节快乐、国庆节快乐。我还特意写下了这样一句话：有你的地方就有我的祝福。

这是我对礼物精雕细琢的起点，而明信片上的这句话几乎也成了我的座右铭，我开始十几年如一日地做这件事。

明信片寄出之后，我接到了几通电话，都是老乡打过来的。我在明信片上留了自己的电话号码，但没想到真的有人会打给我。国庆节过后，我开始与老乡们逐一联系："尊敬的××您好，我是您的老乡，上次在金宝大酒店的老乡会上见过您。国庆节的时候给您寄过一张贺卡，不知道您收到了吗？是这样的，因为我也刚刚到厦门，也想多认识我们的老乡，不知道您是今天上午方便还是下午方便，我可不可以去拜访您呢？"

当年，我会让母亲时不时地从老家寄些霞浦特产过来，这样我就可以带去拜访老乡，由此迈出了自己在厦门的第一步。2009年，厦门霞浦老乡会正式组建为厦门霞浦经济文化促进会。我在广州出差时接到一个电话，说我被推选为厦门霞浦经济文化促进会常务副会长。我曾经连参加老乡会的资格都没有，如今我不在现场，却有这么多人共同推选我当副会长。

财富需要积累，人脉需要积累，品牌更需要积累。如果想跟上这个社会的发展节奏，代理人唯一能做的就是扩大自己的社交圈，放弃急功近利的想法，对任何人都以诚相待。寿险营销是个厚积薄发的行业。过去的20年，正是中国经济高速发展的20年，一次次的造富运动风起云涌，从房地产到金融业，再到互联网，这个巨大的社会转型期对每个人来说都蕴藏着机会，而最重要的先决条件是要挤进这些圈子。

或许有些天才可以绕过最初的资源壁垒而获得突破式的发展，但大多数人还是需要靠社交走到最后，那么你会需要一个中间人。中间人非常重要，通俗地说，他就是你生命中的贵人。很多人抓不住机会，很大程度上是没有重视中间人的作用，或者没有重视人生中可以实现重大跃进的机会——因为大部分机会在当时看起来并没有那么大的潜力。

我并不知道谁是我的贵人，也不知道我交往的人里谁能成为未来的富人，然后帮我介绍另外一群富人。我相信没有人可以精准地预测。

潘亮总经理曾对我说:"并非每个人都是你的贵人,二十几岁的时候要勤奋地扩大交际圈,多认识人,不管这个人当时能否帮助你,你都要持续地维护人脉关系。客户自身也在成长,注定会有人进入社会的精英阶层。"

就这样,我通过林总结识了老乡圈。后来,在和林总的另一次饭局中,我结识了来自潮汕的建筑商人赖总。原本是赖总请客,但我悄悄地结了账,这个小小的举动带来了一系列良好的连锁反应,我也因此和赖总成为好朋友。当赖总的妻子从家乡来到厦门时,我又成了她在厦门的第一位朋友。这一切,帮助我真正进入了高端市场。

现在我是厦门宁德商会常务副会长、霞浦商会常务副会长。在这个由企业家组成的社会团体中,我显得格外与众不同,甚至连我的副会长职位都是特批的,也许这恰恰说明了商会成员对我的认可。

我一再建议,保险代理人一定要加入地方商会,如果有条件就成为理事,更要努力做到副会长或更高的职位。因为一旦建立了关系网,随着时间推移,商会成员的身边一定会有更多优秀的朋友,你只要结识其中一两个就够了。怕的就是你逐渐感觉行不通,便不再坚持了。明明有高端客户,你却没有坚持下去,这就太遗憾了。

一个人可以达到多高的层次,取决于他能和什么样的人建立联系。通过认识某个人,接触他的资源,正是这些资源可以帮助你到达更高的平台。

重启你的"社交商"

> 当作为圈外人,无法获得资源的时候,你会希望跳进圈子里。但最后为了突破,其实更需要跳出这个圈子,不断接触更高层次的人和平台。

一个人可以踏进多少个圈子?我们工作和生活的圈子大致可以分为以下几类:以同乡为纽带的老乡会,以学业为纽带的同学会,以行业为纽带的行业圈,以爱好为纽带的兴趣圈,以及身边的邻友圈。这五类圈子基本涵盖了每个人身边的人际网络,其中除了老乡会,其他四个圈子都是可以做出人为选择的。除了家乡的商会,我还加入了奔驰车友会、保时捷车友会、宝海会、厦大校友会……此外,我还踏进了金融圈、互联网圈、天使投资圈、房地产圈、慈善圈,甚至厦门航空圈。

我们要相信,每个人都有跳出一个圈子,进入另一个圈子的渴望,这是人类的本能。当作为圈外人,无法获得资源的时候,你会希望跳进圈子里。但最后为了突破,其实更需要跳出这个圈子,不断接触更高层次的人和平台,这是一个人不断成熟的过程。

当我加入足够多的圈子时,很容易就可以成为其他人进入某个圈子的领路人。这也许和我的天性有关,因为我是一个乐于分享资源的人，就像我在20周年感恩晚宴上说的那样："我就是给你们提供一个互相交朋友的平台。"

初到厦门时，谈业务纯粹靠电话约访，但我只要看到客户的名片显示其身份地位比较尊贵，就会非常精心地保存。后来我认识了一位报社的副主编，我们成了很好的朋友。当年的媒体如日中天，与此同时，我正在开拓房地产客户，认识了几位房地产开发商，于是就把他们连同主编朋友一起，约了个饭局。我的主编朋友觉得我的开发商朋友很高端，同时开发商朋友会认为我的朋友都是文化精英。我作为中间人介绍他们相互认识，他们自然而然会认为我是非常有价值的人。

我还有一个客户是专门做推拿的，有一家养生会所，专门治疗颈椎病和肩周炎。我和他关系不错，如果有朋友有这方面的健康问题，我便会介绍他们过去。这样一来，双方都会觉得我很好，既关照客户的生意，又关注客户的健康。

后来我开始在平安小有名气，陆续有记者来采访我，我都会给他们包个小红包或送个小礼物，把关系维护好。和记者成为朋友之后，他们同样会介绍有需求的客户给我认识——我希望自己是一个能读懂别人需求的人。

我也经常组织圈子交流的活动，因为自己很喜欢也很擅长组织这样的活动。主办方如果想拉赞助，通常都会找到我，我一般都不会拒绝，但我通常会要求自己也可以参加活动。平安人寿经常会推出一些非常便宜的短期卡，类似于花几元就能送三个月的意外险，我会定制很多这样的卡，从而成为赞助意外险的赞助商。

我深知在不同的场合扮演不同角色的重要性，当没有能力整合各方资源的时候，我就亲力亲为帮助别人，哪怕做一些端茶送水的小事情，甚至是为别人家里做用人、做保姆。并不是因为我现在积累了一定的资源之后才有这样的想法，而是我天生就很热心，身边的朋友如果是做销售行业的，我就会去想自己有什么资源可以分享给他，如果有，我会马上无条件地对接。

我自己也是做销售出身，所以对他们很了解，通过简单接触就可以明白他所在的行业需要什么。如果我有可以分享的东西，我会马上去做，即使他还不是我的客户，我也会这么做。这样一来，反倒是对方觉得不签单都不好意思了。

进入不同的生活和工作圈子，把它看成了解不同人的生存状态和学习不同人的生存技能的机会。遇到成功人士时，可以请他讲讲自己的成功之路，进而拉近与他的距离。下次碰到另一个成功人士，你就可以把之前听到的故事讲给他听。久而久之，便可以与政客谈经商，与商人谈教育，与教育家谈房地产。通过了解不同类型的人，保险代理人可以比其他行业的从业者更快速地积累丰富的人生阅历，进而不断提高自身的层次。

2002年，我分三期付清首付，购买了位于厦门市区某高端小区的一幢别墅，于2006年入住。我一直认为自己是这个小区里最穷的人。刚入住时，我就给小区内的所有车主都写了一封信。信的大概内容是我叫叶云燕，是他们的新邻居，在平安工作，工作内容中有一部分是车险业务。我告诉邻居们，如果找我办理车险，不仅会有优惠的价格，还有长期且优质的服务。就这样，小区保安默许我将这样一封信以及我的名片，还有保平安的汽车挂件，放到每辆车的雨刷器下面。我知道，当这些客户第二天用车的时候，一定会看到我用心在做的事情。但是，我对于是否会有许多客户来电咨询，并没有抱太大希望。元旦时，我又专门制作了一些印有我的名字和电话的台历，再次将这些小礼物放到小区的私家车上面。

我的这两次动作，并不是指望客户能立刻主动找到我，而是为了加深客户对我的印象。

之后很长一段时间，每天晚饭后，只要时间允许，我都会待在车库门前，每有一辆车经过，我都会主动和人家打招呼："嗨，您好，您刚下班回来啊？我是您的邻居，之前我在您的车上放过平安符和信……"这种方式，我坚持了很长时间，我的想法很单纯，就是想制造一些"偶遇"，然后与高端客户近距离接触。

优质的圈子可以同化圈子里的人，优质的人会进入更优质的圈子，然后继续被更优质的圈子同化，个人能力和圈子往往是相辅相成的。

保险代理人要做到一能控制自己，二能影响他人。先找到目标市场，每个月做4份保单，只需要120位客户就够了，因为这些客户会不断给你转介绍，不断加保，不断新增保单。

做那个不断制造惊喜的人

> 我能做到这一点,如果说有什么秘诀,我想是因为我坚信一点:世界是缺少爱的。即便是非常富有的人,也同样希望得到别人的关爱。

厦门大学管理学院EDP中心嘉庚班二期的三十几名同学即将结束他们的以色列之旅,我是其中的一员。在这个以创新著名的国度游学的8天里,我每天都会在朋友圈里发表一篇游学感悟。因为要参加一场重要的婚礼,我比同学们早一天回到了国内。但让他们意想不到的是,当他们走出厦门高崎国际机场的时候,我正带着几名助理在迎接他们,并为每个人都准备了一束鲜花。对他们来说,这应该是个惊喜。

"圈子"是保险代理人快速成长的助推器,每个人可能都加入了不同的圈子,而每个圈子都有核心人物。大部分情况下,这个角色由其财富、地位、资源和所在领域的专业性所决定,保险代理人往往离这个角色很远。那么,保险代理人在一个圈子里快速立足的方法是什么呢?不妨像我这样,做一个不断制造惊喜的人。

一位合格的保险代理人应该拥有以下这些能力:具有服务意识、了解各行各业、能够筹办活动和会务、会玩有趣的小游戏等。

2011年，我进入厦门大学大读EDP总裁班的时候，就充分发挥了自己的服务能力。入校的第二天要军训，我是一个比较细心的人，在军训前一天晚上买了一大袋食品。军训首日，到了下午3点多的时候，同学们又累又饿，我马上拿出了提前准备好的食品，彼时彼刻，那袋普通的零食就像山珍海味一样，所有的同学又惊又喜。

我在读的总裁班，每个月上一次课，课间，我都会带领大家活动一下，一起玩玩小游戏，氛围非常好。

另外，我还找到班主任，了解了班上所有同学的生日，每当到了同学生日的时候，我都会统一发一条短信，告诉同学们今天是谁的生日，请大家一起祝福他。之后我会再给过生日的同学单独发一条祝福短信。由于我的各种无私的服务，这个班里的很多同学会主动找我为他们做保险规划，年缴保费500多万元。

和客户一起参加活动时，我很喜欢帮他们拍照，之后再去客户办公室，就经常会有人指着某张照片对我说："燕子，我办公桌上这张照片就是你拍的。"拍完照片后，我会让助理在网上买很多相框。为女士挑选白色相框，为男士选棕色相框。参加完聚会的第二天，我就会安排人把照片洗出来放进相框，然后给客户送过去。如果客户人在外地，我就选择快递过去。

我遇到过一位仰慕已久的客户，当时是我厚着脸皮让朋友把我带到了这位客户的生日宴上，那是我们第一次见面。这位客户并没有介意我不请自来的唐突，毕竟那位中间人都是大家的好朋友。生日宴场面宏大气派，热闹非凡，但所有嘉宾都没有带相机，于是我提前准备的相机派上了用场，用照片记录下了这场生日宴上的精彩瞬间。

转眼一年过去，到了这位客户次年生日将近的时候，我买了一本非常漂亮的影集，把上次在他生日宴上拍的所有照片都精心地镶嵌进去。再次参加他的生日宴时，我只送了这本影集和一大束花，而我的影集成了当天最受欢迎的礼物。

这位客户当时说了一句很真诚的话：燕姐很用心。他是中国上市公司里最年轻的总裁之一，身价超过50亿元。几年之后，他为自己三个妹妹准备的嫁妆里，都包含了一份一百多万元的保单。如今，每年仅从他那里缴纳的保费就有四百万元。

我能做到这一点，如果说有什么秘诀，我想是因为我坚信一点：世界是缺少爱的。即便是非常富有的人，也同样希望得到别人的关爱。

另外一位客户也身价不菲，但一直过着非常简单朴素的生活——厦门有很多这样的企业主。我有时会去他的工厂看望他，不经意间注意到了两件小事情，第一件是他经常感到恶心。我平时很关注养生和食疗，知道猪肚汤很养胃，于是下次再去拜访时就会带着亲手煲好的猪肚汤送到他家里，他和夫人都非常开心。

我在闲聊中无意听到他说有好几年都没过生日了。我辗转打听到了他的生日并记在了心里，到他生日那天，我便特意召集了他身边几个好朋友，一起为他安排了一场别出心裁的生日宴。

其实我在做这些事情的时候并没有多想，这对我来说是力所能及的小事情，没想到他特别感动，这反倒让我有些吃惊。

在一个圈子里，虽然我的保险代理人身份有些特殊，但我并不是"索取者"，反而扮演的是"乐于助人"的角色——很少有人讨厌别人善意的帮助。

有些保险代理人觉得进入一个圈子很难，其实很大程度上是因为你不了解这个圈子的游戏规则。请记住一点：圈子内部成员之间是会沟通的，他们有固定的沟通渠道，只要熟悉他们共同的语言环境和类似的需求喜好，就能够比较容易地以一种接近标准的方式进入这个圈子。

我选择加入某个圈子时，从来不以圈子里的人是否能成为我的客户为判断依据，而是希望发挥自身特长，在这个圈子里长久立足。不要急功近利地考虑"收割"，这会影响代理人的个人品牌，甚至会让之前所有的努力付诸东流。

我很喜欢自己所做的这些事情。从表面来看，我是一个细心和面面俱到的人，但真正的核心在于我饱满而强大的工作热情。我会竭尽所能地帮助客户解决他们所面临的难题，提高工作效率，并且会不断尝试寻找新的方法，以加强与客户之间的联系。

社群化生存：把社交媒体用好、用尽、用巧

> SNS（社交网络服务）时代对代理人来说是一个全新的时代，它让代理人的品牌形象更加丰满、展业渠道更加多样化。

2010年12月31日，我开通了自己的新浪微博，最开始叫作"平安叶云燕"，后来在2012年改名为"叶云燕小朋友"，并以此确立了我在社交网络领域的形象。

在第一条微博里，我@了蔡文胜先生——中国最有名的个人站长，厦门互联网圈的领军人物，我的微博也是他建议开通的。蔡先生转发了我的第二条微博，这是我2009年获得全国高峰会会长之后的加冕礼，照片里的我骄傲又自信，马明哲先生正站在我身边鼓掌。蔡文胜先生还引用了我的一句话：心中若能保留，双手定能拥有。

社交网络时代的到来，对代理人来说是一个全新的开始，它让代理人的品牌形象更加丰满、展业渠道更加多样化。更重要的是，互联网的本质是人，一切违背人性的行为都会逐步消失。对处于品牌旋涡中的代理人来说，这是最好的时代。

从开通微博开始，我就给自己许下一个承诺，一定要通过微博

给大家分享一些有用的充满正能量的信息。时至今日，我每天早上8：30左右都会发送一条微博与大家分享。我努力让自己时刻保持积极阳光的思维方式，照亮自己，也打动客户。保险理念、工作方法、生活感悟、人生智慧、处世哲学，在我的微博里都有体现，几年的积累让我拥有超过11万微博粉丝，而这些粉丝中也有一部分转化成了客户或者增员。

我乐于和别人分享成功，也很喜欢分享别人的成功，因为这也是一种真诚的赞美。2012年8月20日，当第一次和飞博共创的创始人伊光旭见面时，我兴致勃勃地分享了与他的合影，并真心地称赞伊光旭是微信和微博上最厉害的人。伊光旭说："姐，夸得我都不好意思转发了。"

其实这并不夸张，在微博时代崛起的飞博共创积累了过亿的粉丝，开创了新经济领域，成了新媒体时代的渠道领路人。我会在微博上关注自己所仰慕的企业家，会时常留意他们的动态，当他们有新的内容发布时，我会在第一时间回复并称赞。

经过四年扎实的经营，我已经在微博上认识了很多客户。加上我自身的品牌号召力，如今已经成了一个不大不小的微博红人。

我还经常关注客户的需求，如果客户说："我什么都不缺了，就缺微博粉丝。"我便会应邀转发他的微博，之后再打电话给身边的朋友，请他们帮忙转发并关注博主。我的每一次转发都会让客户增加粉丝量，他会认为我确实是一个有能量的人。最近几年，很多人把战场由微博转向微信了，但我还是每天坚持在微博上发一条原创内容。

从微博到微信，人与人之间的社交形态从开放走向了私密，随着微信公众号的崛起，一个自媒体时代宣告到来。2013年3月18日，我开通了自己的微信公众号"叶云燕小朋友"，到本书写作之时，粉丝数量已经超过了25万。2015年3月，福建这个自媒体大省举办了一场"福建移动互联网大会"，公众号"叶云燕小朋友"在福建微信影响力财富排行榜上位列第一名，和"十点读书"这类全国知名的微信公众号一起获得了"2015福建最佳自媒体"奖。

我喜欢社交，也喜欢横跨各个圈子，而微信极大地拓展了我的边界，并让这一切变得极为便捷。当然，其中还是要讲求一些方式方法的——基本上平移了我之前在线下采用的方式。

我做的第一件事就是让身边关系好的朋友把我拉到一些重量级的微信群里，一开始要么保持沉默，要么坚持发一些人生哲理和小故事，或者大部分时间先不发言。到一些重要的节点，比如说儿童节，恰好我又在一个妈妈群里，我就会准备上百份给小朋友的礼物，搜集群里用户的名字、地址和电话，然后把礼物一一寄过去。

我极少主动加好友，除非我认为时机成熟了，比如，把握热点，完成一些经营活动之后。在日常的微信群里，我是一个沉默但爱发红包的人，每逢年节，我都会主动发一些祝福文字，然后发一些红包，这样做会让许多人注意我，并加我为好友。我更喜欢那些主动加我的人，因为起码可以说明他们是对我感兴趣的。

加完好友之后，我不会立刻推销保险，大部分时间，我们只是默默关注着彼此的朋友圈。但往往在不久之后，我便会收到这样的消息：我觉得你是一个很不一样的保险代理人，好多人向我介绍你们的平安福，但我还是决定找你买。

以这样的方式成交的保单每个月至少有两三份，在此之前，我和这些客户并不熟识，他们可能只存在于我的某个微信群里。

我非常珍惜自己的朋友圈，发布的内容都会经过慎重考虑，因为我把朋友圈当作一个很重要的客户服务平台。比如，有哪些高端客户企业上市，被媒体报道或者有重大事件发布，我都会在朋友圈转发这些消息，我的出发点就是顺便替他做广告。

他们平时大多沉默不发声，但只要看到我转发关于他们的动态，都会在第一时间做出反应，并衷心感激我的分享。对我而言，这是零成本的经营方式，但客户却很受用，因为大家都喜欢美好的事情被分享、被传播的感觉。同时，这对保险代理人也有很好的帮助，他们可以从我的朋友圈里了解行业精英们的即时动态。丁当董事长曾经笑着说："我们要成为叶云燕朋友圈里的人。"

对于代理人而言，这是一个最好的时代，有很多宣传渠道和工具，如何用好、用尽、用巧，是每个代理人都需要思考的问题，不能只为宣传而宣传，要学会借助有效的网络工具，要懂得站在用户的角度思考问题。

我就是新型社交媒体的获益者，虽然由于工作和时间的限制，无法开拓更多的新媒体平台，但我希望所有保险代理人都能了解到，互联网产品和新型社交平台可以对我们的行业产生颠覆性的作用。

开拓高端客户：成为天使投资人

> 对代理人而言，高端客户市场有着良好的环境与条件：平均保费高，竞争相对小，社交层次高，成就庞大的客户资源网络。

微博是我在社交网络时代建立新营销模式的起点，也是我进行天使投资的起点。随着移动互联网大潮的到来，已经拥有了一定财富积累的我从陪伴传统富豪成长，转变为助力新兴富豪成长。我进入了一个新圈子，并成为一名成功的天使投资人。

互联网创业是最近五年来最大的历史机遇，天使投资人在很大程度上推动了这股浪潮。厦门是互联网创业公司的聚集地，其创业氛围并不亚于广州、深圳。和20年前来到厦门的那批传统企业主一样，新兴的互联网人才也来到了厦门这颗福建省的明珠。

蔡文胜先生是厦门天使投资圈的领军人物，我能成为一名天使投资人，除了受到蔡先生的影响，我的社会积累、在营销领域的成绩，以及为了达成这些成就所具备的服务意识和营销理念，对初创企业而言都是宝贵的财富，能够快速助力初创企业向前发展。

很多时候，天使投资不仅是有钱那么简单，好的项目即使空有资金也未必能投。而我进行天使投资的成绩很好，一共投资了10

家初创企业，其中5家已经在新三板挂牌上市。

我为伊光旭先生创办的飞博共创投了500万元，这是我最大的一笔投资。这位草根博主受蔡文胜先生的邀请，于2010年来到厦门创业，蔡先生旗下的隆领投资是这家企业的第二大股东。

每当有人夸奖我做天使投资的眼光时，我都会告诉他们，其实是企业给了我机会，让我可以投一点点。对于这个成绩，我很骄傲，也很感恩。但这个成绩并不至于让我欣喜若狂，因为这并不是我的主业，我做的所有投资都是为了把主业做得更好。

我是一个一辈子只做一件事的人，我经常骄傲地跟客户和其他代理人分享这句话。我一再强调，做投资并不是不爱保险了，反而是太爱保险了。对于每一笔天使投资，我都固守自己的底线，所占股份都很低，最多不超过10%。相应地，我的要求就是，不要花太多精力，因为我的团队和我的客户还在等着我。

进入保险代理人行业20年，我很明白客户和代理人之间的关系落差。在此之前，我用极致的服务去弥补这一落差，让双方产生互信和尊重。而当我成为一名天使投资人或客户的股东后，之前的关系就完全颠覆了。

我已经成为10家新兴创业公司的股东，股东名单上富豪云集，除了蔡文胜先生这种专业的天使投资人和我这种以拓展服务渠道为主要目的的投资人，更多的传统富豪和企业主也挤进这个行业，股权投资成为近几年富豪圈子中最流行的财富游戏。

被财富阶层认可的每一位创业者，一开始就会牵动几位甚至十几位股东，等他成长为互联网新贵时，背后的投资人名单会增至上百人。我也被列入这份名单之中，位置不前不后，与名单上的其他人有着共同的身份，我们共同认可某个人、某件事。成为客户的股东，也在无形中帮助我开拓了高端客户市场。

2016年1月，厦门房米网络在新三板挂牌，我参加了上市感恩会。这是一场声势浩大的活动，许巍和费玉清受邀前来表演助阵。作为厦门当地的房地产创业公司，房米网深耕厦门，其创始人兼CEO（首席执行官）黄建戎先生用了10年时间，打通了整个厦门的房地产市场。

房米网络只是我投资的其中一家公司。除了房米网络所代表的房地产业务，我的投资方向主要为互联网公司，同时还涉及传媒、健康、母婴、展会等行业，而每家企业背后都有庞大的目标客户群。

从初到厦门开始，我就刻意挖掘高端客户资源，2004年，我已为高端客户服务了13年并专注于此，除了积累财富，我的视野也极大地拓宽了。我很庆幸自己当初选择了高端市场。对代理人而言，这个市场有着良好的环境与条件：平均保费高，为提高寿险代理人的收入和生活品质提供可能；竞争相对小，可缓解代理人的精神压力，可以保持良好的工作状态和积极情绪；社交层次高，频繁接触成功人士有利于提升自身修为；成就庞大的客户资源网络。

我很珍惜每一次与客户交流的机会，这是保险本职工作之外带给我的最大收获。当我们踏进一个圈子时，便有了在这个圈子里积累势能的机会，我们的收获也远多于卖出几份保单的获益。

近 30 年来，中国一直处于造富运动之中，只不过财富会在不同行业、不同人群之间流动。既然已经进入了高端客户市场，就要随时关注潮流的走向，才不至于轻易被赶下船。还没有上船的代理人，不妨把眼光放得更长远些，多看看经济发展的大局，寻找下一批财富的主人，深耕自己的行业和潜力股。

我还有另外一个梦想。保险业目前有 700 万代理人，这是一个门槛很低、鱼龙混杂的行业，很多人由于对我们不够了解，会对这个行业产生很多误解，保险代理人的社会地位并不高。所以，我一直希望可以通过自己的努力，成为一个完全不一样的代理人。在未来的 10 年，我的梦想就是希望自己成为 10 家上市公司的股东，然后我仍像往常一样拎着我的展业包快乐地卖保险。那时还会有人轻视或误解保险代理人的工作吗？

我希望自己能够通过这样一种方式，让我们保险代理人拥有更高的社会地位、更强的职业荣誉感和更大的格局。

第 5 章
一份合格的寿险说明书

产品资料、保险法规和客户反馈,是保险代理新人入门的三件法宝。产品资料和法规是相对静态的,有钻研的劲头就可以;而客户反馈对很多人来说是个难题,即听不到或者听不懂的难题。

入门的三件法宝

> 代理人要守住的另一个底线,是如实告知,这是代理人制度走到今天最大的痛点,很多人对代理人群体的反感就来源于此。

我一直希望自己在生活和工作中是一个有分寸、能够顾及对方感受的人,因为我很看重"情商"。在向客户讲解保险的专业问题时,我很少与对方辩论,更不会以争论或否认的方式试图说服别人。要知道,善于辩论只能证明你善于操控,却不能证明你会良性沟通。

如果让我来界定一位保险代理人的专业素养,我会认为在必须掌握的专业知识之外,"听"比"说"更重要。产品资料、保险法规和客户反馈,是保险代理新人入门的三件法宝。产品资料和法规是静态的,有钻研的劲头就可以;而客户反馈对很多人来说是个难题,难点在于存在听不到或者听不懂的问题。有时候,并不是客户没有想法,而是代理人没给客户机会让他们说出来——这就是为什么我们从一开始就强调建设同理心。

当站在客户面前的时候,代理人要扮演的角色就是寿险使用说明书。一位合格的保险代理人,首先应该熟悉业务。因为客户购买保险，如同采购商品，不仅要对自己购买的产品的性能一清二楚，还要全面了解市场行情，货比三家。

如果保险代理人仅仅掌握少数几个自己了解或想要推销的保险品种，强行而生硬地说服客户购买，即使客户一时心血来潮完成了签单，也可能冷静分析后认为并不适合自己而要求退保，这样反而会给双方造成很大的麻烦。所以，代理人要守住的另一个底线是，如实告知。这是代理人制度走到今天最大的痛点，很多人对保险代理人群体的反感就来源于此。

这时候，就要运用一些资料的说明。比如，保险代理人向客户介绍产品时千万不能断章取义，将产品优势夸大，却隐瞒关键条款，特别是"免除责任条款"和退保时的"现金价值"概念等。这些都应该在与客户面谈的过程中，详细地为客户讲解清楚。

另外，一定要建立客户档案系统，其中包括投保资料、个人喜好、家庭成员等，在这个基础之上，整体把握市场，剖析产品，拟出客户利益点。将以上几个方面详细整理好，面对客户的时候才能更有说服力。

一般来说，客户对寿险的需求较为隐蔽，需要代理人和客户一起去挖掘。如果只讲一遍并不能让客户意识到其重要性，那就讲两遍、三遍，甚至更多遍；如果太直白的方式令客户难以接受，那就试着采用迂回和间接的方式，直至客户意识到自己对寿险的需求为止。

总之，寿险商品销售要有得体的包装、体贴入微的说明和明察秋毫的需求点揭示，这些都是寿险产品销售有别于其他产品销售的地方。

人寿保险看似简单，有人甚至认为如果找不到工作就去做保险吧，这其实是一种误解。从事保险业需要拥有丰富的知识储备，除了入行时为考执照需要读完的几本专著，还要不断研读和熟悉许多法律法规、税务、财务、投资方面的理论知识。

因为对于客户而言，无论是保险计划书，还是合同条款，都是固定模式的契约，无法对所有人都有利。但是保险代理人却是灵活的，也是更专业的，可以凭借自身的专业性做出最恰当的设计和讲解。因此，保险代理人应该具备的基本功是专业性，应当精确地解读保险的条款及相关法律法规，引导客户正确理解保险条款和相应权益，了解保险条款中的责任免除，保单的观察期、宽限期，分红的不确定性等问题，并在理赔时为客户提供专业意见。

一位出色的保险代理人同时还要是一位理财规划师。在理财方面，代理人要有自己独特的见地，要下一番苦功夫，变成值得被肯定的专业人士，为客户提供科学的主张。这样，你才可以在客户的不同人生阶段，为客户提出合理而具有建设性的理财建议。一定要记住这一点：我们在为客户规划人生保障系统的同时，也要为他们的人生财务系统进行规划，这样客户无论遭遇什么风险，都可以做到平稳度过。

所有代理人都要尽力去学习，要敢于使用笨办法去学习更多知识，让自己变得更专业，这才是代理人在保险行业走得持久、做到最好的正确方向，而不要试图投机取巧。客户购买保险，买的是商品加人品，假如商品类似，客户买的就是代理人的人品。客户选择代理人可以有许多标准，但有一条是很重要的，如果代理人对社会常识认识深刻，与客户有共同言语，不但会讲保险，还有很丰厚的人生谈资，便更容易得到客户的偏爱和认可。

许多杰出的代理人在和客户的谈话中并没有很强的计划性。在对这些领域的佼佼者进行研究后，人们发现：他们接待客户时并没有打定主意一定要把东西卖出去，而是把自己定位为咨询师。他们的首要任务是倾听，了解客户的需要，然后根据需要向客户推荐合适的产品。

一位优秀的代理人在面对客户时，应始终抱有这样的想法：我推荐保险，是基于我对人类生存常识的认知，你可以选择不购买。对于保险代理人来说，与客户之间首先应该建立信任，但买与不买则是人生基本的智慧选择问题。假如你能永远不回避客户的眼光，即使生意没做成，至少你能把诚信和专业性展现给对方。当然，有的客户因为自己没有经验，也出于对我的信任，会说："你来替我选吧，你认为哪种好就选哪种。"在这种情况下，我会对他们的信任表示感谢，同时会说："你虽然现在并不了解，但我会为你详细讲解各个品种的情况，最终还是需要你自己做选择，我们可以一起讨论。"实际上，险种本身并没有好坏之分，关键要看是否适合客户，如果不适合反倒会害了客户。

保险代理人不应该仅仅是保障计划的提出者，在情感交流方面也应该是客户最信赖的倾听者。保险代理人提供的是人性化服务，也是客户人生路上不可或缺的重要朋友。这实际上是一种长线投资，你把自己的人格信誉投了进去，但一定要给客户留出合理的空间，这才是客户认可的方式。

愉悦营销法则

> 不管时代怎么变，营销的本质从来没有发生过变化。其中的原因很简单：第一，人性从来没有发生过变化；第二，人们只愿意接受他想接受的信息。

保险并不是一种第一时间让人感觉愉悦的产品，尤其是寿险，这意味着寿险营销的高难度。在我的定义里，寿险营销是满足和创造需求，发现并解决问题，沟通与交流的过程；是人们在最不需要的时候购买，却可以在最急需的时候使用并产生价值的产品。

不管时代如何变迁，营销的本质从未发生变化。其中的原因很简单：第一，人性从未发生变化；第二，人们只接受自己愿意接受的信息。

我从事保险行业20年，自2004年开拓高端市场以来，与高端客户打交道的经历也超过了13年，正是这个群体成就了我的大保单业务。那么，我们如何定义这个群体的特性和他们所乐于接受的信息呢？

经常有人说，一个人的性格就是他的魂。而了解高端客户的性格特征，也可以让我们明确自己的成长方向，以及如何让自己变得更加完美。

那么成功人士普遍具备哪些性格特征呢？他们与普通人又有哪些性格差异？我在书店里经常看到这样一本书——《性格决定命运》，这个书名也是代理人们经常挂在嘴边的一句话。那么，人的性格究竟如何决定命运？

在评价一个成功人士时，我们通常会说这些人之所以成功，是因为他们具有三种特质，比如执着、自信、敬业等。其实，这三个词汇，就是与高端人群联系在一起的。在保险行业，越执着的人业绩越好，越自信的人业绩越好，越敬业的人业绩也越好。其实，这个道理在任何行业都是成立的。几乎可以肯定的是，所有的高端人群都具备这些性格特征。

优秀代理人的执着和敬业精神会让客户欣赏，因为客户会从他们身上看到自己的影子。这些精神还会不经意地体现在一些细节方面，也许代理人自己都没有意识到，却已经被高端客户看在眼里，从而会发自内心地欣赏。准时、敬业、注重形象，这些都是客户所欣赏的细节。比如，我参加活动或约见客户时只会提前而不会迟到，这是我从当老师起就养成的好习惯。每次约见客户，我都会提前几分钟到达见面地点，在客户的楼下整理好仪容，在约定的时间出现，从不会冒失和唐突。我做任何事情都十分注重这一点。

我还经常与客户探讨个人特质与职业生涯成败的关系。"董事长，您是社会知名人士，我今天想跟您探讨一个问题，您觉得您的性格与您的成功有没有直接的关系？"这就是我经常会与高端客户面谈的话题。对于这个问题，大多数高端客户的答案都是肯定的。因为我了解他们，所以提出这些问题永远不会出错。高端面谈就是这样，可以在轻松愉悦的气氛当中谈及高质量的话题。

高端客户大多阅人无数，他们自身很优秀，能够迅速判断代理人的品质与品位。想要赢得客户的尊重，一定要足够专业，否则很难取得信任，还要有自己的观察和思考，这会让人觉得你有想法。我很注重外在仪容和内在修养，要求自己做到内外兼修，希望自己站在客户面前的时候，可以用最短的时间让客户喜欢我，从而接纳我、信任我。

在拜访准客户前，要对他的专长有所了解，并花时间对相关知识进行一定的学习，以便在拜访中能够以客户的专长为谈话的切入点，并通过认可、请教、探讨、赞赏等行为，满足客户的自豪感和成就感。这样的交谈可以让准客户心生愉悦，与他们之间的距离也将进一步拉近。

通常情况下，富有的高端客户对消费和理财都有一定的经验；学历较高的客户更倾向于读书看报；普通公司职员对"职场攻略"可能更有兴趣；家庭主妇对烹饪会有自己独到的见解。

偶尔，我也会有野蛮的一面，只有在遇到蛮横无理的客户时，我才会把这一面展露出来。在与客户争辩的时候，也要保持着很好的涵养，我认为这是做人最基本的准则。

要知道，越是高端的客户越懂得尊重他人。所以，对于某些客户的无礼行为，你要敢于纠正他。高端的客户更喜欢和欣赏这样的代理人。

我经常对业务员说这样一句话：把自己成功推销出去，从言谈举止和细节做起，成为一个受欢迎的人，一回生，二回熟，三回是朋友，四回就会签单成功。

客户买保险并非为了理赔，而是希望买个平安，买个放心。我不会从个人利益出发，而会从人文关怀出发，希望人人都能健康平安，就像我常说的一样，平安保险就是让你平平安安。保险的起源是风险集中，把大家的钱集中起来，对不幸的人给予补偿，减轻其所受的伤害和痛苦，但保险只是一种补救方式，它本身无法阻止不幸的发生。

有的人认为，不买保险还没有事，买了保险反倒出事，于是把保险当成灾星。其实这反映的是一种迷信的心态。如同医院和病人的关系一样，并不是没有医院就没有病人；相反，因为有病人才会有医院，医院是挽救生命和保障健康的地方。

保险也是一样，因为有事故才会有保险，如果世界太平无事，也就不可能存在保险了。确实有很多人不相信自己生命中会遭遇意外，尤其是年轻人，认为灾难离自己很远、意外不会发生。事实上，一生平安固然是美好的愿景，但人是脆弱的生命体，天灾人祸随时随地都可能发生。就像那句话说的：你永远也不知道，明天和意外，哪一个会先到来。

另外，对于家庭来说，购买保险是一种风险管理手段，不但是对个人负责，更是对家庭负责。一个家庭中的经济支柱倒下，便会导致整个家庭的全面崩塌。人们对此的认知越来越清晰，所以家庭险也逐渐普及。

每当进行保险赔付的时候，我都备感沉重，不是因为赔付金额，而是对于不幸者的哀叹，这会让我感伤于人生中有很多无法预知的遭遇，同时也让我更懂得珍惜生命，珍惜身边的人。

通过做保险，我对人际关系的看法有了很大的改变。有缘相识的每一个人，无论对方是否会成为我的客户，我都会珍惜彼此间的友谊。基于某种原因无法即刻在我这里投保的人，一段时间之后，会纷纷主动联系我并成为我的客户。不仅如此，他们还会给我介绍更多的准客户。

不能急功近利，不要有强烈的交换意识，也不要简单地评判眼前的成功或失败，你只需要用心去做，观察并总结，然后继续努力。

"境界"背后是专业

> 我关注的是在思维、情感、情绪上和客户沟通交流，第一步就是要把每个客户都当成自己，在考虑向他人营销之前想想能否说服自己。

2014年，我做了一场在寿险行销行业非常著名的演讲，主题是"寿险行销的境界"。我把自己17年的经历拆分为四个阶段，分别是：推销起步阶段、行销服务阶段、品牌建设阶段和不销而销阶段。

对于一位保险代理人而言，最艰难的阶段就是从推销到行销的跨越，这是境界的提升，是从"我卖什么"到"客户买什么"的转变。在保险行销领域，境界将影响你在这个行业中的现在与未来。这是一个充满机遇和挑战的行业，可能功成名就，也可能默默无闻，关键在于你如何理解这份事业，如何认识你的客户，以及如何看待你的工作。

在行销阶段，要懂得关注客户的感受。我非常注重从思维、情感和情绪上与客户沟通交流，我把每个客户都当成自己，在考虑向他人介绍保险之前，先想想能否说服自己。

这对代理人而言是很高的要求，从表面上看来，只需要坦诚、大胆地向客户分享自己对保险的真正理解。其实，背后的关键是需要代理人能够将保险产品的优劣及市场同类产品的特点了然于胸，能真正站在客户的角度思考自己或家庭可以获得的保障；需要代理人有大量的知识储备，永远不能脱离市场实践的检验，并且能够将客户的保险需求融入其中。

试想一下，一个没有专业知识作为支撑的保险代理人，怎么可能做到出色呢？如果不顾客户的需求，自顾自地游说，结果就是不了解客户的真实需求，设计的保险规划不能解决客户的问题，这样的沟通就是失败的，相应地，你的整个销售过程也是失败的。

在与客户做一对一沟通前，要先做需求分析，最好可以拿到准客户的完整资料。在充分了解准客户的家庭情况和意愿后，提出自己相对专业的建议和产品组合方案，这就是大家常说的以客户需求为导向，而非以产品销售为导向。

当客户向我表达购买意向的时候，我会一再跟他强调：在为您制订这份计划之前，即便再忙，我也要跟您好好聊聊。除非不签这张保单，要签就一定要对客户有所帮助。当给客户递交保险计划书的时候，我一定会给他们做设计说明，如此一来，客户会觉得我的确是站在他们的角度考虑问题的，而不像某些代理人那样仅仅为了完成自己的业绩，却没有为客户规划整体的保险方案。

不同代理人之间的差异，就在于保单设计的水平，以及为客户着想的心态。我不会让人质疑我的人品，更不会让人质疑我的专业度。

如果找到叶云燕，我能保证客户买到的产品一定是优质的。平安保险是大企业，为客户设计的方案也很合适，又能找到一个提供终身服务的人，我想客户没有任何理由拒绝。

优秀的保险代理人有一个共同的特点，就是对客户进行系统化管理，即对用户的家庭、年龄、职业和财务状况等都有清晰的了解，并能根据这些特点对客户资料进行分类整理，根据客户每个阶段的实际情况做出相应的保险规划。

我的保单设计水平也是在长期为客户服务的过程中慢慢提高的。保险的首要功能是保障，保险代理人也是见证这个世界上事故和灾难最多的人，他们会情不自禁地做情景代入：如果他当时买了保险，结果会不会不一样。

我们会拿这些经验去说服客户，但最重要的是先说服自己，就像我一直坚持的一个关于重大疾病险的原则：一个普通人至少应该有一份100万元的重大疾病险；稍微高端的客户可能需要有一份200万元或300万元的重疾险；而更高端的客户则需要一份500万元或1 000万元的健康保障。

我也会关注企业主捍卫资产和财富传承的需求。平安是一家具有全牌照的金融公司，理财、信托产品层出不穷，保险是这座财富金字塔的基石，如何把这些产品更好地结合起来服务于客户，是代理人需要不断积累和学习的过程。

我不仅仅会对比市面上的同类产品，学习更多的金融知识，而且会关注汇率、留学、移民和海外保险，这些都是我的客户所关心的话题，只要他们进行合理的资产全球化配置，我都是支持的。

曾有位客户找到我，希望为她的二胎新生儿购买高额保险，我反而建议她降低预算，为的是和她家老大的保险金额持平，她没想到我能为她和她的家庭考虑得这么细腻周到，我想可能是因为我同为母亲吧。

保险代理人通过为客户提供长期的优质服务，积累了相对成熟的经验和对客户群的理解，懂得为客户家庭做长远打算，就能够培养和挖掘客户每个阶段的潜在需求。

签单时，我会跟客户强调：我帮你制定保险规划，你会比较省心，长期后续的服务我也会做到最好。这是我对客户的承诺，而我是一个重承诺、言必行的人，因为我认为承诺是一笔未偿还的债。

在行销阶段，很多保险代理人会把更多的心思花在拓展新用户上，往往会忽略了对老客户的维护。而优秀的保险代理人则会把老客户的权益放在优先位置。在把老客户维护好的同时，代理人的影响力才会持续形成，那么，获得老客户的转介绍便是自然而然的事。

一份保单生效之后，代理人的佣金是逐年递减的。通常来说，签完保单后，很多代理人与客户的联系频率会逐年降低，如果仅仅因为自己的佣金递减，而不再服务客户，那就是非常不专业的做法了。代理人所要做的，是和客户保持长期的联系，并随时根据客户的需求进行保单调整。

代理人有时会收到客户关于保险的疑问，面对这些问题，有几种处理方式是极其欠妥的。比如，回复客户说"我根本没听过"或者"这是第一次出现此类问题",这种处理方式只会导致极差的效果,因为客户根本就不想知道这种情况以前是否发生过;又比如,跟客户说问题并不严重,完全没有必要生气,这种处理方式也不能解决任何问题;再比如,"你知道,这只是一个小问题"这种说法不但于事无补,而且会有损公司形象。

每位客户都希望得到代理人的重视和关注,他们认为代理人所接受的专业培训及所积累的经验,其目的和价值在于:关注客户并帮客户解决问题。这的确是保险代理人的职责所在,我们为什么不去做好呢?

在保险业近30年的发展史中,"理赔难"曾经差点儿毁了这个行业。这个隐患在销售环节就埋下了,要么是因为代理人做出了销售误导,要么就是他真的不懂保险产品和法规。如果在前期就秉承专业精神,这种现象将少之又少。

我的客户从来没有遭遇过这种问题,一旦有理赔发生,客户只要签字,我和助理就会帮他解决所有问题。

在保险行业驰骋20年,我很少告诉别人谁是我的客户,每位客户的信息我都会保密。事实上,他们还会在享受过我提供的这些优质服务之后,源源不断地介绍新客户给我。

成为一个有价值的人

> 通过在重要节日对客户表达关爱，积极参与重大事件，你也可以进一步提升自身的社交价值。

能和客户交朋友，一向被认作销售人员的最高境界，但对寿险代理人而言，这只是一堂入门课，因为这是寿险产品的独特性决定的。长久以来，寿险营销是一个高度依赖代理人技巧和个人品质的行业。说到这个话题，难免会让很多人想起保险业里存在的人情单和"杀熟"现象。这种销售方法在保险业里有个专用称谓，叫作"缘故法"，掌握这种销售方法是代理人应该迈过的第一关。还有两种销售方法分别是转介绍和陌生拜访。现在寿险代理人普遍采用的销售方法是缘故法和转介绍，但不管怎么样，都是从朋友和成为朋友开始的。

当我刚刚踏入厦门社交圈，尝试和客户成为朋友时，我把姿态放得很低：我就是一个为大家服务的小女生——那时的我的确很年轻，只有23岁。

这是我给自己社交价值的初始定位，到目前为止，还没有人定义过社交价值，我们不妨据此梳理一个适合白手起家的销售人员的社交价值框架。

当23岁的我刚刚来到厦门这个陌生的城市时，我所能提供的社交价值只能基于我自身。在社交关系建立阶段，我能提供的两种价值分别是：倾听和交流，以及力所能及的帮助。至于衣着光鲜、面带微笑、语言得体、举止大方……这些是社交惯例，我们就不赋予它们社交价值的含义了。

倾听和交流是人类极度高频的需求，面对客户时，"听"比"说"往往更有价值，而我恰好是一个良好的倾诉对象。这时我会忘掉自己是一位保险代理人，而是以交朋友的心态来面对客户，即便不做保险业务，也能和他们成为朋友。当然，这样做的前提是学会把客户进行科学的分类，并掌握对待不同客户的基础知识和方式方法——我常常会说保险代理人是"杂家"，正是如此。

要让自己成为他人最信任的倾听者，成为他们愿意托付心事的人，而不是一个"无事不登三宝殿"、急功近利的"推销员"。其实，寿险营销这个行业能够在不知不觉中教会代理人很多事情，譬如服务意识、对各行各业的了解、筹办活动和会务的能力，以及会做很多好玩的小游戏等，这可以让代理人具备一定的为他人提供帮助的能力，至于能不能做到最好，关键在于个人意愿。

当我无意中听到一位客户说自己长期胃酸时，就叮嘱弟弟煲猪肚汤给他送去；当我得知一位老乡患了胆结石的时候，便千方百计为她寻找合适的食疗良方。这些小事都会无形中提升一个人的社交价值，我就是这样，花费很多心力与客户建立关联，展示自己的社交价值。

通过在重要节日对客户表达关爱，积极参与重大事件，你也可以进一步提升自身的社交价值。

距离"三八妇女节"还有3天的时候,我的办公室外一片繁忙景象,几位助理正在分发快递,因为我为女性客户准备了"女神节"礼物:一束金玫瑰和一台超声波纳米喷雾器。快递单已经填好,厚厚的一摞,以厦门客户居多,也有许多快递要寄往全国其他城市。

我对客户们说:"我可以做到十年如一日,每个节日你都能收到我的祝福。"甚至有人开玩笑地说,我是厦门市最善于记住别人生日的人。

刚刚到厦门时,我在第一个中秋节寄出的礼品是明信片——以我当时的财力,无法购买更昂贵的礼品。但没关系,因为客户缺少的并不是一件价值几何的礼品,而是人与人之间真诚的关心。

对重大事件的积极参与更能体现一个人的社交价值。2002年,我为遭受台风灾害的故乡霞浦组织过一次募捐。当时,我挨家挨户拜访在厦的霞浦老乡,并在集美的一家酒店举行了募捐活动,现场募集了20多万元善款。募捐结束当晚,当我开着自己的爱丽舍驶过厦门大桥时,感觉自己"快要飘起来了"。

我总结过自己为人处世的六字哲学:用心、欣赏、互助。用心就是从细节上关注客户的需要;欣赏就是真心欣赏每个客户的优点;互助就是要能整合客户资源,关注并帮助客户解决问题。

2003年,我在报纸上偶然看到一则关于某位女企业家的报道,对她十分敬佩,还发现她是自己的同乡,这更激起了我前去拜访的欲望。2005年,这位女企业家的亲属得了重病,需要进行手术治疗,我得到消息后，主动帮助她联系了一位专家，从入院、手术、康复到出院，我不仅安排专家为她的亲属主刀，还时常去医院探望。我的诚意深深打动了这位女企业家，事后，她专程到我家表示感谢并宴请我的家人，她说我不仅是一名优秀的保险顾问，还是她的好朋友。2006年5月，在一次客户答谢及产说会上，这位女企业家当场签下了一份100万元的保单。

在厦门的社交环境中，我凭借这些社交价值一直被客户认可，但从被认可到被重视，则经历了一个相当漫长的过程。被重视是因为你变得有价值，近几年尤为明显。我是一个乐于无条件分享自己资源的人，又比较善于解读别人的需求，在这个基础上就能把资源对接。

随着自身不断的成长，我不再把自己当作一名服务人员，但我依然保持谦逊低调，更重要的是，我一直保持真诚。

我喜欢办活动，也办了很多场活动，经常会有很多上市公司老板、明星创业者参与其中，当这些人齐聚现场的时候，其他参与者也会重视我——这个社会也许很现实，但我战胜了这个现实的社会。因为我并不是用金钱或权势把他们请来的，我用的是真诚。

从服务到关爱，再到互助，我在厦门坚持了18年，我非常清楚客户在每个阶段的需求，但其中不变的就是真诚。这个世界并不是钱和权的世界，而是有心人的世界！这是社交价值中最核心的一点。

从保险代理人到财富管家

> 早在十年前,平安集团给代理人的定位就是"保险专家、金融顾问、生活助手",而我一直是平安综合金融战略坚定的实践者和推动者。

2017年平安人寿高峰会的热闹程度是空前的,同年4月17日,我加冕会长,平安集团各专业公司的董事长悉数来到会场。他们的到来是为了更多地了解平安代理人的心声和需求。马明哲先生在现场讲话时说,综合金融是平安赖以形成长期可持续竞争力的最佳商业模式,他将这一模式的成功归因于平安强大的寿险业务队伍。

早在10年前,平安集团就将代理人定位成"保险专家、金融顾问、生活助手",而我一直是平安综合金融战略坚定的实践者和推动者。

最初销售保险时,我用的是"地毯式"的展业策略,无论什么样的客户,我都用上门推销的方式,但效果并不理想。后来我发现,利用平安的综合金融资源和优势,向有需要的高端客户销售多种金融产品和服务,是打开成功大门的一把金钥匙。我一开始正是通过平安综合金融的车险,得到了客户的信赖,成为他们的朋友,这反过来极大地提高了个人寿险的销售业绩。

其实我只是秉持着一个简单朴素的道理："如果一个人有能力帮别人赚钱，那他一定会是一个受欢迎的人。"

2007年，我已经开始向客户推荐平安的信托产品了。我向其中一位客户推荐了平安信托的一个PE（私募基金）项目，他于当年投入了500万元，到2012年，这位客户在5年时间里从这个项目中获得了2 000多万元的收益，收益率超过了4倍。这位客户因此相信了平安的实力，当我再向他推荐其他保险的时候，很顺利就成交了，这位客户年缴纳保费300多万元。

2008年，我成为福建省第一批国际认证财务顾问师，并被《厦门晚报》评选为"十大金牌理财师"之一。

我平常给客户制订计划书时，并不仅仅限于制订一份保险计划书，而是根据客户的家庭情况，甚至企业情况，为他做一份全方位的理财规划书。与客户面谈的时候，我通常会带上助理、平安私行的理财经理，还有一名平安信托专员，有时还会有律师，一行五六个人一起到客户公司为他量身定制适合的产品，无论是个人的理财规划还是企业的资金安排。

在2013年的厦门高峰会上，马明哲先生说了这样一段话："各位业务同人，你们正在从保险推销员向客户经理转型，除了保险，客户经理将来还要销售其他多种金融产品；除了保险知识，还要掌握其他金融领域的产品服务知识；除了受（原）保监会监管，还要受到银行、证券等行业法规的约束……这对我们业务队伍的综合素质和专业技能也提出了更高的要求。"

根据平安集团发展的阶段性特征，平安人寿代理人最初的定位是"保险专家",目标是为客户提供科学合理的风险保障规划。后来,随着客户生活水平的提高,综合理财需求开始凸显,平安代理人也开始从销售单一保险产品,向能够销售多种金融产品的"客户经理"转型,其定位转变为"理财顾问"。

在我的客户服务体系中,有一条就是"让客户获利是我的动力",我会利用平安的综合金融平台为客户提供一些投、融资服务。如果客户需要贷款,我就会通过平安集团各公司的渠道为客户寻找机会。客户最看重这些投、融资服务,因为这些比平时的小服务更为重要。

通过平安的平台,代理人可以为客户提供一些非常稳健和安全的理财产品,真正去满足客户全方位的理财需求。代理人的作用不仅仅是提供保险产品,还要在客户需要的时候提供合适的理财产品。这一点对代理人展业非常有效,可以让客户产生很好的感受和体验。

我觉得自己已经真正成了一名财富管家——当保险代理人有能力为客户获取收益并使其财富增值的时候,他一定会成为一个受欢迎的人。

近两年,平安人寿迈入基于"生态圈"的客户经营时代,代理人的定位由此转变为"生活助手"——不但要为客户提供保险方案、理财咨询,在此基础上,还要为客户的医、食、住、行、财等方面提供周到而细致的服务。这种定位与我自身的角色有了更多的重叠,因为我原本就是厦门企业主圈子里的"生活助手"。

第 6 章
人的品牌

作为一名保险代理人,送去了那么多保障,也见过很多生死,认真想想,人生最重要的还是对生命过程的触摸、审视和享受。在人与人的交往过程中,建立信任、友谊和关爱,帮助别人,祝愿别人平安、幸福,这也许就是很多保险营销人员心目中的保险精神。

掌握通行规则才是真理

> 我不敢说自己是掌握了"绝对真理"的少数人,但我希望我的理论可以跨越时间和空间,成为业内的"真理",我希望我的服务体系是通行规则。

192米高的厦门财富中心矗立在鼓浪屿对面,这幢大楼由厦门首富柯希平先生打造,他于1990年从泉州安溪来到厦门,用20年时间创办了著名的恒兴集团。我来到恒兴集团位于财富中心顶层的办公室时,恒兴工会主席洪超生和人力资源部总经理周文艺已经在等候,我也为他们准备了礼物,给女士的礼物是一件饰品,给男士的则是一支金笔。

洪先生和我是老朋友了,我们一见面就聊起了减肥的话题,他比以前瘦了,人也精神了,状态很不错。

柯希平先生的女儿柯岚岚随后也到了,我送给她一束粉红色玫瑰——在来财富中心的路上,我一直叮嘱司机照看好放在副驾驶位置的这束花。

"燕子姐,"柯岚岚说,"你每次都这么贴心。"

恒兴集团总裁王伟文先生是这次会谈的主角,他期待能够提升厦门财富中心和云顶山庄的物业服务水平,这是恒兴集团在厦门最耀眼的两个项目。于是，由柯岚岚引荐，我将为恒兴集团员工进行一次关于服务提升的演讲。

"硬件我们没问题，但在软件提升上有差距，在精细化和服务主动性上都需要提升，我们需要高手给予指导。"王总说。

"我会想办法培养他们服务他人的意识和决心，"我说，"这是我在自己的团队中每天都会做的事情。"

我有很多年服务的经验，从2002年开始，我就受邀参加保险业务之外的培训授课。我第一次受邀是去湖南长沙，为中国电信长沙分公司的几百名员工培训服务和礼仪。那是我到厦门的第四年，当时我的业绩仅仅在厦门前五的位置——外界对我服务的认可，远远早于我在寿险营销领域取得的业绩。

2017年5月，厦门弘信电子科技集团股份有限公司上市，我参加了上市晚宴，我和弘信电子创始人李强先生在微博上认识已有8年时间。至此，厦门的上市公司已达到43家，我至少为其中的11家做过服务提升培训。

每次培训，我都要根据公司情况准备新的PPT，我对自己所扮演的角色和台下员工的心理都很熟悉。

我设置课程的第一步便是培养听众的同理心，我给自己的定位并不是公司聘请的讲师，我的目的也不是来教育和说服员工的，因为我也是做营销和服务出身的，20年代理人的职业生涯有无数苦中带泪的经历。我首先要获得他们的认可，我希望他们认为从多名候选人中选择我来做培训是正确的决定。

接下来是我最擅长的环节：如何让员工有一颗服务别人的心。这是我每天在团队早会上都会讲到的内容，我正是凭借这一点才在保险业立足，并成长为行业第一的。

我不敢说自己是掌握了"绝对真理"的少数人，但我希望我的理论可以跨越时间和空间，成为业内的"真理"，我希望我的服务体系是通行规则。因此，我丝毫不避讳我对于物业管理的不甚了解，但我有解决办法，那就是在分享了自己的服务理念之后，动员大家在课堂上一起探讨如何成为中国最高端的物业，并让每个人都发声。

听完我的课程体系之后，王伟文先生说："业界都知道你，名声在外。岚岚一直在说，洪总也一直在说，平常别人请不到，但岚岚有这个面子，我们一拍即合。"

在这次会面一周之后，我在恒兴集团正式开讲，这堂课反响很好，恒兴集团的员工说："听说叶云燕老师在外面讲课每小时10万元，我觉得自己赚了30万元都不止。"

我现在已经很少出去讲课了，因为时间太紧张。不过，只要客户有需要，我就会想办法无条件地为他们开展免费培训，这对我来说是感恩、报恩的机会。

我和柯岚岚认识的时间并不长，在遇到我之前，她很讨厌保险代理人，她还记得当年母亲帮她买保险时，她叮嘱母亲不要被骗了。

"这是保险皇后。"当我们在厦门的一次活动中初次相遇时，朋友是这么向她介绍我的。

其实我并不喜欢这个称谓,这对我来说太过霸气,我更愿意别人叫我"保险公主"。我希望自己是温暖的、体贴的,在年长的客户面前,我就像一个女儿,在年轻人面前则是一位知心姐姐。

柯岚岚并不是因为想买保险而认识了我,相反,她起初很抗拒保险,我也从来没有给她讲过保险知识,甚至连一点保险理念也没有灌输给她,我只是让她觉得我是一位服务周到、学识丰富的姐姐。

但当她有了保险需求时,首先想到的就是我。

柯岚岚很期待我的这次讲座,她一直称呼我为"燕子姐",她认为,我今天能达到在寿险营销的地位,自己的总结、知识的内化一定是非常深刻的。

"我们想解决目前企业存在的一些问题,你应该是最合适的人,真的是把服务做到极致了。"柯岚岚说,"我要多跟你学一些知识。"

在高端客户眼里,我已经不再是服务人员的角色,而是一位励志榜样。成就越高的人往往对我的认可程度也越高。我希望自己可以激励更多人,也指导更多人。

"第一"意味着能力和说服力

> 不同的人销售保险，会有不同的结果。但前提是，认同你的人，才会认同你销售的保险。

在办公室里，我落笔写下了一份30人的名单，此时我的心情极为紧张，甚至有些愤怒。

这是2012年的最后一天，原本我将毫无悬念地再次当选平安人寿高峰会会长。"2012年度平安人寿全国高峰会"即将在厦门举行，我作为平安人寿厦门分公司的名片，很多人都期待我能在主场摘得会长桂冠。

2012年年初，我就制定了目标：每个月业绩都要做到100万标保以上。等到12月29日公布业绩的时候，同事们已经开始提前祝贺我成功登顶，因为我的业绩远远领先于第二名。

但在次日，也就是12月30日，另外一位代理人交上了一张高额保单，紧接着又在这一年的最后一天里疯狂交单。于是就出现了本节开头那一幕。我无法理解，我在这一年里每天都是第一，为什么在最后一天突然被人超越？

我的助手们就在我办公室门口的区域办公，我开始逐个给名单上的人打电话，每打完一个，只要客户说支持我，我就立刻把助手喊进来去收钱签单。我的3辆车一整天都跑在厦门的路上，直到2013年新年来临。

让我感动的是，这30位客户都没有拒绝我，一天时间签进来几百万元保费，但我最终还是以十几万元保费的差距位列第二名。这趟冠军之路太不容易，但我更明白，意气风发不在一时，持续奋斗才是英雄。

我并不是个高调的人，但这次我没有刻意隐瞒这件事情——我要做2012年平安人寿冠军。

要知道，成为一名成功的代理人是有迹可循的，但要做行业第一，更多时候还是要靠运气。但不管如何，这个目标让我一直保有谨慎而紧张的备战心理——我是一个非常有斗志的人。

我第一次成为平安人寿全国冠军是在2009年，同时也是中国平安历史上首位年度标保破千万元的代理人。这件事情的开始是一个意外，但我最终站上了荣誉的巅峰，并收获了客户的支持和鼓励——谁不愿意帮助那些勤勉刻苦、目标清晰、即将走上巅峰的年轻人呢？

2009年12月4日，平安人寿的业绩报表上显示，我暂时排名第一，我突然间有种强烈的责任感，觉得自己要去捍卫这个第一的位置。于是在这一年剩下的二十几天里，我每天早上六点左右起床，凌晨工作到一两点才回家，完成了别人可能需要几年甚至几十年才能完成的工作。仅仅在这一个月里，我收回了48张保单，单月的成交保费达到2 000多万元，我把自己都感动了。同时被感动的还有我的客户，其中一位客户当场为全家人买了400万元的保险，他是我花多年时间经营的客户，在最关键的时刻选择支持我，这就是行业第一的吸引力。

作为一名代理人，我与客户之间的连接点无疑就是保险。但在我的事业初期，人们所关注的是我与人的相处之道；在我取得初步成功之后——这一年是2003年，28岁的我取得了厦门寿险第一的成绩，并开始重点经营高端客户——连接我和客户的，是我成为顶尖高手的清晰愿景，并因此影响着越来越多的厦门企业主，这也是厦门这个小圈子的优势。

个人品牌的传播，深受强者愈强的"马太效应"影响。代理人要设立自己的"里程碑事件"，你的里程碑越重大，所能撬动的资源也就越多。对于自身而言，"里程碑事件"是为了实现高效的自我管理；对于外界而言，这是品牌势能的累积过程。

当我实现自己一个个"里程碑事件"的时候，便有客户来挖我跳槽了，他给出的职位对我极富诱惑力，但我还是婉言谢绝了。我不能因为那个美好的愿景，而丢下这么多年随我一路走来的客户和朋友，因为如果我离开，他们的保单就会成为孤儿保单。

这位客户在认识我之前并不认可保险，也从不购买。因为他最初创业的时候，曾经输掉两场官司，恰恰都是与保险公司的纠纷，所以多年来他对保险行业既反感又排斥。但认识我之后，尤其是看到了我在这个行业的努力和成就后，他愿意坐下来听我讲讲保险理念了，之后便彻底改变了对保险的看法，也接受了我为他做的保险规划。

他不仅在我这里购买了一份年缴保费两百多万元的保单，还帮我转介绍了许多优质的客户，那些客户都非常惊讶于他的转变，当然，也像他一样开始认同我，也认同了保险行业。

这个客户的案例让我明白了一个最简单的道理：不同的人销售保险，会得到完全不同的结果。这里有一个前提是，认同你的人品，才会认同你销售的保险。

我在说服这位客户的时候，不仅需要保险说明的专业能力和销售技巧，最为重要的是客户对我个人能力的认可——不仅是推销保险，还有我独自在一个陌生的城市打拼，并努力成为区第一、省第一的能力。

无论在什么行业，"第一"都意味着能力和说服力。

2016年，我再夺平安人寿高峰会会长桂冠，这对我来说是很大的意外。2017年2月4日是春节后上班的第二天，我很意外地接到了平安人寿的贺报，庆祝我获得2016年平安人寿冠军。我的第一反应是：搞错了吧，怎么可能是我？

2016年一整年里，我只是偶尔会想想要不要拼得全国第一，但这个念头随即就被打消了。我得到过冠军，但2009年最后一个月的辛苦拼搏至今记忆犹新，并且在最后一刻与冠军失之交臂，那滋味太不好受。

所以，接到这个消息的时候，我写下了这样一段话：

> 开工的第二天，总部传来好消息，我再次获得全国冠军、

第 6 章
人的品牌

高峰会会长,这消息有惊喜也有意外。这几年,我一直为工作、学习、生活努力着,兢兢业业,足以维持体面,但不忘乎所以。因为我知道,人生需要执着,但更重要的还是随缘。

丁当董事长第一时间给我发出贺信,对我"持续奋斗"的高峰精神表达了敬意,并勉励我继续以身垂范,将平安的保障和承诺送给更多客户,也将"向善向上"的公益之心和健康生活的全新理念传递给社会大众。

3月16日上午,在位于深圳的平安金融中心会议室里,一场特殊的直播活动正在进行。主播不是别人,正是包括丁当董事长和我在内的四位营销员代表,观看直播的则是上百万名平安人寿营销员。在直播镜头前,主播们就公司战略、客户经营等侃侃而谈,另一端的平安人寿营销员则频频发送留言和礼物,互动不断……

4月17日,马明哲先生为我加冕,我说:"感恩所有人,很荣幸能够再次站在高峰会会长冠军的舞台,由马明哲董事长亲自为我加冕。今天的荣誉是重大荣誉,这个荣誉也在提醒我要对平安这份伟大的事业持续地坚持,永远保有执着的热情,永远期待更好的自己!"

马明哲先生则表示,我是常胜将军,我的专业技能和执着坚韧的精神,鼓舞着百万同人迎难而上、勇往直前,是大家学习的榜样。

让一万人为你鼓掌

> 我没有保险公司的"门第之见",我对这个开放竞争的市场的理解很透彻,深知这是一个需要全体代理人共同改变,从而提高收入和社会地位的行业。

2012年6月12日,在美国阿纳海姆会议中心,我成为MDRT年会中国旗手和大会讲师,在这个一年一度的全球寿险行业最重要的会议上,第一次有中国保险人同时获得这两个荣誉。

我穿着一身蓝色旗袍,作为旗手在美国的舞台上挥舞着我们的五星红旗,所有在场的参会者都在激动地尖叫、呐喊。这是一场来自87个国家的保险人的盛会,主席台下坐了8 000余人。在平均年龄48岁的MDRT会员中,我还太年轻,但我知道中国的市场会给我更多的机会。那次,我用50分钟时间做了一场题为"服务制胜"的演讲,全场掌声雷动。

成立于1927年的MDRT被誉为全球保险代理人的殿堂,在国际寿险行业,MDRT会员是成功的代名词,这源于MDRT对代理人严格的佣金标准和道德要求。1999年是中国保险代理人融入MDRT的第一年,当年,中国平安首次派出24名代表参加MDRT年会,蹇宏先生以6倍于普通MDRT的业绩,成为大陆首位MDRT顶级会员，第一次把五星红旗带到了MDRT年会。

等到我成为旗手的2012年，中国的保险代理人已经接近280万人，MDRT会员只有不到2 000人，其中有500人参加了MDRT年会；2017年，参加MDRT年会的中国保险代理人达到了4 000人，整个年会聚集了来自全世界的15 000位代理人。中国保险代理人的分量在MDRT的舞台上也变得越来越重。

由于在这个组织的无私付出，我先是担任了MDRT的区域主席，接着担任了2013—2014年MDRT中国区主席，我致力于推动中国成为全世界MDRT会员最多的国家。对我而言，这意味着扶植高标准的寿险销售概念，树立寿险营销人员的形象。为此，我不间断地参加MDRT特训营、"体验日"和"高手日"等活动。在我担任MDRT中国区主席的第一年，中国的MDRT会员增加了1 000多位。

MDRT一直强调以"健康、家庭、教育、财务、服务、事业、精神"七大要素为主的"全人理念"，这些我都做到了。从2009年开始，我每年都会自费前往美国参加MDRT年会。保险代理人"走出去"的意义是很明确的，除了打开视野，提升对寿险理念的认识，更多的是了解国外寿险的运营状况，以及如何进行全球资产配置，这对代理人的素质提高很有帮助，也是这个时代对代理人提出的新要求。我们乐于见到中国寿险代理人在MDRT年会所创造的保险盛世，但更要专注于MDRT所要求的专业性和道德标准，这才是重点。如果说MDRT使得我在全球寿险领域展示了自己的风采，那么，我在CMF的表现则应该让全国保险代理人受益匪浅。

CMF的全称是中国国际保险精英圆桌大会（China Millions

Forum），成立于 2004 年，是全球华人保险精英交流互动和学习成长的平台，来自中国人寿的"保险皇后"刘朝霞女士是创会主席，蹇宏先生、丁庆年先生，以及来自香港的容永祺先生担任荣誉主席，这个平台网罗了华人中的顶尖高手。

2007 年，我第一次登上了 CMF 的讲台。当时的我还很年轻，要面对一众前辈进行演讲，但我的业绩并不差，2006 年已经取得了平安人寿南区第一的业绩，并有了"叶百万"这个称号：2006 年 5 月 28 日到 6 月 15 日这半个多月的时间里，我连续签下了三份保费上百万元的保单。成名已久的刘朝霞女士发现了我的潜力，于是邀请我作为演讲嘉宾，登上了第四届 CMF 的讲台。

这是我第一次见到仰慕已久的刘朝霞女士，此时我才知道什么是保险的高度。

十几年后再回忆起来，我还清楚地记得很多细节：当时刘朝霞女士连早饭都没来得及吃，就在旁边为我鼓掌加油。

在这一届 CMF 上，我发表了一场名为"到有鱼的地方钓鱼"的演讲，毫无保留地分享了自己做高额保单的方式方法，告诉台下的代理人，高端客户在哪里，怎么接触他们，如何通过服务成交。

我尽力让自己做到坦诚相待，也希望自己永远保有邻家女孩儿般的亲和力。在主席台上，我不让自己显得亢奋和激动，而是有条不紊地讲述自己的亲身经历，甚至是当时的心理活动，这让听众感觉亲近，也更加专注于演讲中的价值发现和执行——这里面是未经包装的血泪教训，而不是很多人的自我吹捧和营销造势。

因此，我的演讲很受欢迎，并被公认为具有很强的可行性。

我已经连续10年作为演讲嘉宾参加CMF，我的一系列演讲，例如《高端客户行销的秘诀》《举案说道——案例中解读销售的秘诀》等都被代理人奉为"执行手册"。

我没有保险公司传统的"门第之见"，因为我对这个开放竞争的市场理解得很透彻，深知这是一个需要全体代理人共同改变，从而提高收入和社会地位的行业。很多不同寿险公司的代理人经常对我的分享表达谢意，甚至有很多同行曾带队登门求教。

我的演讲也是与时俱进的。这是一个急剧变化的时代，最明显的特征就是整个社交形态的转变，以及最近几年"双创"的风起云涌。无论我尝试了哪些新方法、取得了哪些突破，都会在第二年的CMF和盘托出，比如，我2016年的演讲题目为"如何从客户服务转型到客户体验"，重点讲述了如何用微信展业、如何与新兴创业者打交道。我的分享总是毫无保留，每次都能赢得全场的掌声。

2016年8月，广东卫视《财经郎眼》节目录制现场，我和中国人寿的销售高手曹纪平先生被请到了录影棚里，这档节目的出现被认为是保险代理人的一次"反击"。

这是《财经郎眼》第二次录制关于保险话题的节目，上一次是在2012年10月，当期的主题是"保险，保不保险"，那期24分钟的财经脱口秀节目曾经在代理人中引起轩然大波，因为其中存在着很多事实性的错误，主持人甚至直接将保险代理人与传销画上等号。这期节目在当时持续发酵，还有很多人把它剪辑成片段，冠以误导人的标题在社交媒体上不断传播，给大众对于代理人以及整个保险行业造成了很深的误解。

4年之后,《保险,现在保险了吗?》这期开录,我和曹纪平先生作为嘉宾出场,我们代表了新一代的保险人,也是时候为保险代理人正名了。

在节目里,我把我的真诚和温暖发挥得淋漓尽致,短短几句话就让台上的主持人和台下的观众了解了寿险的价值和功用;曹纪平先生则从行业和政策的角度对寿险行业进行了解读。我们两个人配合得很默契。

在现场,我被要求向主持人推销一份保险。当我说到对子女的关爱时,看得出来,镜头前的主持人有一些紧张和动容。在这期节目的最后,他一改往日的态度,肯定了保险的重要性,并特别指出,保险业是所有行业中最有潜力的。

另一位主持人一再询问我和曹纪平先生的年收入,这个问题代表了一大部分中国人面对代理人时的心态:不去想这份保险对我有多大帮助,而是先考虑对方会从我身上赚走多少钱。或许他觉得这个问题很尴尬?

我们都是年收入超千万元的代理人,对自己的收入没有什么避讳,反而是自信满满地回答了这个问题,至于看节目的观众是什么心理,我们不得而知。

曾经有人问我20年的保险代理人生涯都经历了哪几个阶段,我想了想说,第一个阶段必然是为了积累财富;第二个阶段是要成为受人尊敬的顶级高手;第三个阶段,则要承担更多的使命和责任,因为我已经代表了整个行业。

谦卑是最好的姿态

> 我所理解的谦卑，就是在对自己有正确认识的基础上，基于对生命、对知识的敬畏之心和奋斗之心。

我天生性格开朗，并且对细节有一种执念，无论是在厦门市宁德商会、厦门大学同学会，还是在厦门首富的办公室里，当别人坐在椅子上的时候，我都会习惯性地在旁边蹲下来与他讲话。也许18年前我刚刚从霞浦来到厦门的时候，人们会觉得这个举动没什么，但如今我依然用这种姿态与客户对话时，客户不禁会想：叶云燕所取得的成就，远远高于她摆出的姿态。

"你并不需要这样做。"柯岚岚对我说，"可你一直都表现得这么谦卑。"

保险行销，除了真诚，我更相信谦卑。我认为谦卑的人自然而然会拥有良好的举止，也只有内心真正强大的人才会表现出谦卑。谦卑不是自卑，更不是死缠烂打、不顾及形象，可能有很多代理人会误解谦卑的含义。

从本质上说，代理人是做服务工作的，我对谦卑的解释，可能与其他行业的人有所不同：我一向以宗教徒般的虔诚来执行这两个字。对保险代理人而言，我认为谦卑主要体现在以下四个方面：第一，从来不满足于自己的成就；第二，永远不会停止对知识和真理的追求；第三，从来不认为自己是高贵的；第四，把成就归功于客户，而不是自己。

我初到厦门时，会面对很多人对于我保险代理人身份的质疑，他们认为这并不是一个值得尊重的行业。他们中的很多人还有一定的社会地位。我当然要反击，但我会面带微笑地说："尊贵面前必有谦卑。"这句话和它所代表的态度，能让我找回尊严，并收获尊重和认可，这是我在厦门开拓事业的基础。

在2017年平安高峰会上，我摘得会长的桂冠，之后发表了一段15分钟的演讲。当时，平安集团常务副总经理兼首席保险业务执行官李源祥说，他从我身上看到了平安百万队伍的特征——谦卑、感恩、付出。我想，我们这支寿险大军拥有这样的品格，平安肯定会达成"最受尊敬企业"以及百年老店的愿景。

在保险这个行业做得越久，就越能发现它的博大精深和极强的专业性。同时接触的客户越多，就越能发现自身的沉淀远远不够，还需要不断学习和修炼。因此，我经常提醒自己要尽责，要用心，并且常怀如履薄冰的心态去做服务。

我所理解的谦卑，就是在对自己有正确认识的基础上，对生命、对知识的敬畏之心和奋斗之心。

客户并不喜欢看起来无所不知的代理人，但很多代理人常会在客户面前夸夸其谈。我不知道这种行为背后是什么心理，而我从来不会这样，当话题涉及我不熟悉的领域时，我会坦诚地说："这个我不懂。"

我认为，当我们坦然面对自身的不足时，没有人会嘲笑你，相反，大多数友善的人会期待你的成长。

做寿险销售，自身的修为、知识的沉淀和品格提升，才是关键。在对某件事物一知半解的时候，最好的办法就是谨言慎行。所谓行家一出手，就知有没有，对于阅人无数的准客户来说，很小的细节，不管是专业知识方面还是为人处世方面的偏差，都可能成为否定代理人的理由。

我想，与"腿跑得比脑子快"的代理人一样，这种"装作无所不知"的代理人也是不合格的。相反，可以坦然说出自己的"不懂得、不了解、不熟悉"，反而会让代理人更具有说服力和吸引力。

"先生，虽然我知道我们的险种非常适合您，可我的能力不够，无法说服您，我认输了。不过，在告辞之前，请您指出我的不足，让我有一个改进的机会好吗？"这种谦卑的话语，很有可能会消除彼此之间的对抗情绪。客户会一边指点你，一边鼓励你，为了给你打气，甚至会给你带来意外的收获。

谦卑的人更懂得感恩。客户给我面谈机会的时候，我会很直白地对他们说："很多企业家并不了解保险，所以我非常感谢您，愿意花时间听我讲。"

在我看来，对客户说再多的感谢也不过分。但遗憾的是"谢谢"、"荣幸之至"或"请"这类字眼在销售行为中已越来越少用了。请尽可能多地使用这些词，并把"谢谢"作为你与客户交往中最常用的词汇。请真诚地说出它，正因为有了客户，保险代理人才有了今天的这份工作。

但一定要记住，谦卑并不等同于恭维。遗憾的是，很多代理人惯常使用的"招数"就是恭维，想尽办法利用人们的虚荣心理，以达到自己的销售目的。但这些做法往往会被聪明的客户一眼识破，反倒对代理人产生负面的印象。

另外，言语是永远无法取代实际行动的，在恰当的言语之外，我们更要用细致、周到的行动去回馈客户，回馈那些给予我们支持的人。

我会悉心检查客户的理赔情况，尽自己所能帮助客户完成理赔，哪怕是很小的一笔款项；我会帮助繁忙的客户做一些我力所能及的事情；我会用自己的专业知识为客户设计理财计划；用我创立的营销体系和服务体系帮助客户提升业绩；我会毫无保留地将自己的成功分享给那些需要得到经验和帮助的人。

作为一名保险代理人，我为很多人送去过保障，也目睹过很多生死离合，所以，更能够领悟人生最重要的还是对生命过程的触摸、审视和享受。在与人的交往过程中，建立信任、友谊和关爱，帮助别人，祝愿别人平安、幸福，这正是很多保险营销人心中的保险精神。在我看来，保险就是在茫茫人海中寻找和自己有缘的人，永远把客户看得更重要。这是我一直以来养成的习惯，也是我谦卑心的来源。

我的结论是，对于有缘相识的人，不论他们是否投保，都应该对他们极为珍惜。

个人品牌方法论

> 个人品牌的建立大致要遵循以下几个步骤：用实力说话，得到行业认可；乐于分享，引领行业的形象；以诚相待，获得媒体加持；收获信任，放大圈子的力量。

我在保险领域的品牌建设其实是一个自然而然的过程，我并没有多做什么，更多的是追随自己的内心，做一个待人真诚、与人为善的人。

至于我这个"励志"的形象是怎么来的，我想原因可能在于：第一，我的成长经历本就是一个很励志的故事；第二，我一直坚持在微博、微信上分享正能量；第三，我的行事作风积极阳光，充满正能量。

对于个人品牌，外界常会有一种普遍的误解，认为个人品牌等同于自我吹嘘，其实这是完全不同的两码事。个人品牌的外在表现形式往往是这样的：你不在场的时候，你的朋友是怎样描述和评价你的？当别人想到你的时候，如果某一方面的印象掩盖了其他一切，那么这就是个人品牌。由此可见，个人品牌的建立是一个个人信息传递和分享的过程。

打造个人品牌与自我意识或虚荣心无关，而是个人与外部世界建立联系的有效方式。创建个人品牌的目标是要决策者意识到你所具备的能力和能够为企业带来的价值，这对于保险代理人和其他职场人士都很重要，因为只有这样，才能让更多的人了解你的专长，才能让需要你帮助的人找到你。

个人品牌的建立大致要遵循以下几个步骤：用实力说话，得到行业认可；乐于分享，引领行业的形象；以诚相待，获得媒体加持；收获信任，放大圈子的力量。

我到厦门之后，保险业绩一直快速增长，并在2003年夺得了厦门销售第一名的成绩。我是个乐于分享的人，无论是在保险圈内还是圈外，自2002年受邀到中国电信长沙分公司进行服务和礼仪的培训起，至今已在全国各地三十几个城市开展过保险营销知识的分享和培训。

我取得一定的成绩之后，各路媒体也闻风而至。媒体对我最早的报道出自《厦门晚报》，在2007年8月的《厦门晚报》上，有一个大大的标题"厦门有个'保险女王'"，讲述了我如何做"转介绍"，如何服务1 000多位客户的故事。

这一年，厦门举办了一年一度的全球华人保险行业盛会——国际龙奖IDA年会，来自全球11个国家和地区的3 500多位华人金融保险精英来到厦门，我是唯一一位获得白金奖的厦门保险代理人。

在和前来采访的媒体打交道时，我始终以真诚的、与人为善的心态面对他们，每一个曾经采访我的记者都成了我的好朋友。媒体的朋友多了，被采访的机会自然也更多，就有越来越多的人认识了我。正是这种不间断的采访与互动，让媒体给了我"平安保险皇后"的美誉。除了有媒体帮助我塑造公共形象，记者朋友们还被我拉来塑造朋友圈形象。我经常会组织活动，把记者和我的客户相互介绍认识，这真是个多赢的局面。

我在做这些事情的时候，并非有意识地打造个人品牌，而是出于服务客户的本能目的，只是事后才会悟到：原来我很早就开始做这件事了。

当我真正意识到要打造个人品牌的时候，已经到了 2011 年。当时我国整个保险代理人队伍已经接近 300 万人，我开始思考：客户为什么选择我们？我们能为他们带来什么？这就是我要进行的品牌建设。我抓住了技术变革的机会——微信和微博，我是中国保险人中第一个开通微博账号的，我认为这是一件很重要的事情。我有一套完整的线上品牌理论，任何代理人只要照做，那么仅凭一部手机便可以经营个人品牌。

第一步，网名是个人品牌的基础。起一个符合自身特色、有亲和力、便于记忆且让人印象深刻的名字是非常有必要的。每一次注册，我始终坚持"叶云燕小朋友"这一称呼，更容易让客户记住并形成品牌辨识度。

第二步，头像是个人品牌的标志。尽量用自己的真实照片做头像，注册的每一项服务都使用同一张照片，加强个人品牌标识的重复冲击，令客户形成较为深刻的记忆。

第三步，资料是个人品牌的证明。把个人资料尽可能填写详细，便于客户建立联系。明确翔实的资料是有力的证明。

第四步，推广是个人品牌的动力。在这个百家争鸣的互联时代，任何人都可以发表自己的观点。通过主动发声表明观点，更能有效形成品牌印记，推动个人品牌的建立。

我在微博进行的推广方式是正能量的，我的微信朋友圈则是当作个人日记来记录。我认真分享自己看过的电影，认真写游记，记录自己的生活和工作，我的好友甚至都很期待。如果有一段时间没发布新的内容，就会有人问我是不是遇到了什么事情。

每个人都有机会塑造个人品牌，只要愿意投入精力去经营。但成功绝非偶然，不要期望一夜成名，要耐得住寂寞，坚持不懈地努力付出。

美国管理学家汤姆·彼得斯说：21世纪的工作生存法则就是建立个人品牌。他认为，不只是企业、产品需要建立品牌，个人同样需要建立品牌。在这个竞争日渐激烈的时代，无论在什么样的组织中，只有充分展示自己的各项所长，人们才会认识你、接受你。倘若你只埋头工作却不为人所知，那么你付出再多的努力，都可能会被铺天盖地的信息淹没。

我是个喜欢埋头工作的人，在很长一段时间里，我都专注于保险营销，但从2009年起，我开始举办每年一次的答谢会，这让我在厦门企业主的圈子里变得小有名气。

胡明田先生参加过2016年10月16日举办的"感恩20年 叶云燕尊贵客户私享博饼晚宴"，这场晚宴在润丰吉祥温德姆至尊酒店举行，汇聚了来自全国各地近四百名重量级贵宾。我通过一套简短的PPT《梦想把你带向远方》，向大家讲述了我的成长故事，描绘了自己的梦想。

"云燕这个人情商和智商都很高，又是穷人家里出来的孩子，一定不得了。"胡明田先生说。他和我有着类似的出身，作为一名从泉州农村到厦门的创业者，他说这句话时颇为动情。这就是我的品牌。

在举办感恩会的时候，我也会使用一些"小心机"，比如我会聘请专业摄影师为我和嘉宾拍摄合影，在宴会结束之前一定会把合影发送到客户的手机上。因为无论是谁，看到自己被拍得很精致漂亮，而且拍摄角度很好的照片，都会乐于分享的。这也从某种程度上帮助我做了个人品牌传播。

当厦门20多位上市公司总裁帮我发朋友圈之后，我甚至"得罪"了很多人，有人发信息问我："叶云燕，你为什么不邀请我？"

在品牌建设阶段，我更关注客户的体验，在互动中让客户对我、对保险有新的认识。而我对保险的理解也上升至"远见者的生存智慧与人生哲学"。客户群体越来越高端，客户对保险的需求也不再局限于生老病死残。这种境界的提升，让我在面对客户时能够游刃有余，不会局限于我所认知的保险领域，而是让客户可以通过我发现保险的真正价值。这种感觉很美妙，也很让人期待。

第 7 章
高效服务：客户永远比你有耐心

我的客户喜欢和我沟通，大概因为我是个"好侦探"，在别人错过的地方，我反而能找到商机；我能发现客户的潜在需求，为他们送去真正的保障；可能因为我是一位"好医生"，我能够为遇到困境的企业提出良方，帮助客户解决他们遇到的问题；当然，我也是一位好商人，或者说好的投资人。

像机器一样完成标准动作

> 我建立的短信服务档案平台,每次会发出上万条,虽然很少有人回复,但我一直坚持这么做,像机器人一样模式化、标准化,无论刮风下雨,雷打不动。

如果说整个厦门有谁最擅长记住别人的生日,这个人应该是我,即便是十几年、二十年的老客户,现在仍然能准时收到我送的生日祝福。

等到我过生日的时候,很多客户提前发起了号召,祝这位"最记得我们生日的人"生日快乐,甚至有很多客户特意到我家里为我庆祝。

我很感动,没想到自己可以得到那么多人的爱护。他们说这是我应得的回报,虽然最初是因工作需要而记住别人的生日,但十几年的坚持,也足够打动所有人。

最初展业时,从霞浦老乡这个圈子打开市场,其中固然有我尽力争取的勇气和落落大方的表现,但更为关键的,其实是为准客户寄出明信片的动作——后来我把这个动作定义为"标准动作"。

保险代理人都很清楚,去参加一场陌生的活动时,现场可能热热闹闹,但活动结束之后,嘉宾又变成了陌生人。如何让客户加深对代理人的印象并提高转化率，就需要一个维护客户的标准动作。

我这套标准动作的执行，是以短信为入口的。我每参加一场活动或者聚会，都会把收集的名单、名片第一时间交给秘书，安排她尽快把名片主人的信息录入电脑，以便我开始后续的各类服务。

在我的平安金领行销系统[①]中，有上百份分类的通讯录，每份通讯录至少有五十人，最多的一份里面有两千个准客户。在一年中的每一个节假日，他们都会准时收到我的祝福短信和健康短信。这是我建立的短信服务档案平台，每次会发出上万条，虽然很少有人回复，但我一直坚持这么做，像机器人一样模式化、标准化，无论刮风下雨，雷打不动。

短信是创造见面机会的敲门砖，坚持发短信半年以后，再与对方联系："您好，我是经常给您发短信、打扰您的叶云燕。"那么我预约面谈的成功率几乎是100%，而我的团队在完成这个标准动作之后，预约见面的成功率也在80%~90%。

在厦门参加活动的时候，我经常会遇到短信名单里的人，对方往往很惊喜地说："你就是叶云燕啊？我经常收到你的短信。"

我成为宁德商会、霞浦商会的常务副会长以后，经常会有兄弟商会的联谊活动，每次活动我会尽量参加。活动期间，大家会交换名片、互加微信，而活动结束之后，我同样会把这些名单放进自己的服务档案里，逢年过节准时邮寄贺卡和礼物。

[①] 平安金领行销系统，是保险代理人的一个辅助系统，主要功能是客户开拓和客户服务。——编者注

第 7 章
高效服务：客户永远比你有耐心

我并不急于去做销售，而是用这种办法来维护与客户和准客户的关系。

蹇宏先生说我是保险行业里第一位建立客户服务标准体系的保险代理人。我把服务标准划分为五个层次，分别是：基础服务、标准服务、满意服务、超值服务和难忘服务。

其中"标准服务"就包括节假日祝福、定期问候联络、保全变更服务及续缴保费提醒，一年三次的贺卡祝福与问候，以及提供台历、皇历等礼品服务。即便是标准动作，我也在很用心地做。

我每次发给客户的短信都坚持原创，并力求简洁明了，尽量让短信内容富有哲思，并能对他人产生良好的影响，最多的时候一条短信曾经反复修改十几次，还请媒体朋友帮忙编辑。这样的短信自然会有丰富的内容，客户也愿意花时间去看，有时候我仅用一条短信就能成功邀约客户。

在为客户挑选礼物的时候更要花心思。我不会让自己挑选的礼物落入俗套，而我似乎对如何选择礼物有着天然的敏感。

2008 年中秋节，当家家户户开始送月饼的时候，我就想怎么能找到一种更特别的礼物呢？

我在厦门的水果市场看中了一套精美的盒子，里面装了 6 颗新鲜漂亮的火龙果。但如果直接将这样装有火龙果的盒子送给客户，则会让他们感觉奇怪。于是，在每一个装有水果的精美盒子里，我都放了这样的一封信：

尊敬的客户：

　　每逢佳节倍思亲，又是一年佳节到。燕子想用这样的方式，给您带去问候。燕子送给您的火龙果，除了希望您平安健康，还希望您的家庭和事业能够红红火火，祝愿您的财富像火龙果籽一样，数也数不清。

做完这件事之后的很长一段时间里，我都会收到感谢的短信。

2008年8月，北京奥运会即将开幕，很少有人会想到在这个时候应该为客户做点什么。

但我想到了。我从北京的一家邮政局买了大量关于鸟巢的明信片，并在8月8日开幕式这一天从鸟巢附近的邮局给自己的客户寄出。

胡明田先生曾经当着我的面说起，每一个人的成功都不是偶然的，有些事情看似简单，但做起来都是要花精力、时间和成本的。他是做酒店服务业的，会感叹没有足够的利润就无法提高服务，其实我这些标准动作的成本并不高，更多的是需要持之以恒的用心。

还有代理人很好奇，坚持发短信、寄礼物之后，如何制造见面的机会。我会选择直接打电话约见，或者在参加其他活动的时候制造偶遇的机会，但很多时候我会把客户约到我们的感恩活动现场。

我经常在节假日组织主题活动，而且这些活动都是以服务为目的，不求任何回报的。比如我们会在母亲节、父亲节举办感恩活动；在儿童节举办少儿活动。活动前夕，我会给名单里相关的人发短信。

"这个发起人到底是谁？"陌生人会抱着这样一种好奇心来与我见面。这样就会有很多人主动来见我，而不是我去找他们。按照这个方法执行的代理人，会发现自己有取之不尽、用之不竭的准客户。

我不会因为对方不买保险而中断这种服务，更不会因为客户已签单而中断。大家千万不要小看这些动作，我曾经在微博里看到一位客户向平安投诉，说他没有像往年一样收到平安寄出的日历，我们的客服告诉他，之前的代理人离职了，但这位客户还是怒不可遏，他说：我希望能够准时收到日历，重拾对平安的信任。

作为平安的保险人，我们一直都在强调服务，要提供令客户满意的服务。我的标准动作是小服务，但小服务也是市场需要的，这是一种客户黏性，会让他多想到你几次，这也正是我们财富的源泉。我的很多客户都是十多年的老客户。"路遥知马力，日久见人心"，十年时间足够认识一个人，也足够让别人来认识你，最初不理解你的人最终会被感动并消除误解。

让助理们强大，你就高效了

> 我向很多企业主推销过"花钱买时间"这个观念，尤其在他们感叹为什么我有这么多精力服务这么多客户的时候。

我一直信奉"花钱买时间"这一理念。当我只是一位主管且只有3名组员的时候，我就为自己招聘了助理，此后，随着业务量的不断增长，助理也越来越多。

我向很多企业主推销过这一理念，尤其在他们感叹为什么我有这么多精力服务这么多客户的时候。因此，很多人都好奇我到底有多少位助理，如何分工？

我现在一共有12位助理，其中三位负责团队管理，三位负责直辖辅导，两位负责人才招聘，两位负责客户服务，一位负责续保，还有一位司机。

在我看来，助理就是协助经理完成工作，助理可以单独操办的事情，就放手让他去做，这样可以让经理分身去做好紧急而重要的事情。

在我每天随身携带的"准客户"记录本上，我按照被拜访人对购买保险的不同意向，将他们分成A、B、C三类。A类客户有明确的购买意向；B类客户有意向，但资金不到位，或需要时间考虑；

而C类客户则是暂时不打算购买的。即便是没有购买意向的C类客户，我也会把他们记录在册，尽量保持沟通联系，让他们在需要的时候可以第一时间想到我。

在这三类客户当中，助理便可以代替我做很多事情。

比如，A类客户的计划书制订，B类客户的小礼物准备，C类客户的资料录入等，都可以由助理来完成。

再如，A类客户保单的签订、保费的收取、保单的送达，以及生日的问候和分红的提醒等，同样可以由助理来做。

将新客户发展成老客户后，需要助理做的工作就更多了。因为对保险代理人来说，老客户绝对不是翻过的一页旧日历，而需要与他们保持密切的联络，这样才能做好续保或加保等后续事宜。

通过因为经营老客户而带来的客户资源，工作甚至比开发10个新客户更为高效。由于已经与老客户建立了良好的关系，那么很多维护和服务的工作就可以交给助理去做，我便有了更多的时间去寻找新的客户群。

同样，有些事情是他人无法替代的，那么，不管多忙，我一定会亲力亲为。

比如接到客户生病住院的消息，我会第一时间带着鲜花、水果去医院探望。之后我会交代客户收集所有住院期间的发票，在最短的时间内让助理办好理赔。这样会让客户感到安心，因为他们知道，我虽然忙，却不会因此而耽误他的理赔事宜。

我对助理的管理是比较严格而高效的，经过我的分工和培训之后，助理们基本都能处理复杂的事务，并保证有条不紊地进行。

每年中秋节，我们都会邀请客户到公司参加"中秋博饼"感恩活动。博饼是厦门人中秋聚会的保留节目，我们自然也希望借博饼与客户相处得更加融洽。要准备如此庞大的百人娱乐活动，工作的琐碎程度可想而知，仅仅是各种各样礼品的数量就要上千份。现在博饼会的内容十分丰富，传统的奖品月饼已经不再受欢迎，很多人还为家里收到太多的月饼而发愁。所以，博饼会的奖品也被一些更实用的日用品，比如毛巾、沐浴露、食用油、工艺品替代。当然，博饼的乐趣不在于礼品的大小，人们更看重的是围在一起博弈的氛围，是大家团圆共享的乐趣。既然诚心诚意地邀请客户来共度这样的欢乐时光，如果不能把准备工作做得详尽充分，很有可能会功亏一篑。

准备什么样的礼品？怎么邀请客户？客户来了怎么接待？在博饼之前要给客户宣讲什么……如果每件事情都要我亲力亲为，那么我可能什么都做不了。这时，"花钱买时间"的理念便再次体现价值。

由于有足够多的助理，所以，买礼品，准备现场，与客户沟通，与业务员协调……方案一遍遍细化，每人各司其职。我只需要充分着眼大局，把控整体大方向，之后便可以像往常一样管理和合理分配自己的时间。

一百多名客户从四面八方汇聚到厦门的明欣部，青瓷红碗及其他各种礼品已准备就绪，每张桌子上都堆满了博饼的各式礼品，代理人也都在与自己的客户沟通。我刚刚从客户那儿结束拜访回到营

第 7 章
高效服务：客户永远比你有耐心

业部，温馨而热烈的"博饼会"便正式开始。

我非常注重工作效率和工作质量，正是因为我对自己的要求很高，所以对助理的要求相应也很高。我相信在我身边做几年助理，一定会变得很强大。

外界经常会有我对待助理比较严厉的说法，但他们往往是这样说的：又严厉又好。

我不否认自己的严厉，因为助理的工作就是要帮我解决服务客户的效率问题，比如在和客户讨论保险计划书的过程中，客户会被我激发潜在需求，通常这部分是属于计划书之外的内容，那么我会随时要求助理在很短的时间内进行重新设计并交给我。

如果去我的办公室，你就会看到我的增员助理在不停地打电话；做客户服务的助理在电脑前面专心地做计划书……如果我需要某个文件，他们会在几分钟之内将文件打印好并交给我。

我经常带在身边的助理是一个女孩子，她是专业的化妆师，她的职业可以让很多女性客户得到意想不到的额外增值服务。

对我的助理们来说，这份工作确实很辛苦，因为我经常需要在非工作时间展业。助理的工资并不高，要做的事情却很多，但他们都愿意跟着我，因为我对他们以诚相待、恩威并重。同时，在我身边，他们可以得到飞速成长。

我是以创业者的心态做保险代理人的，在如何更好地完善助理的薪酬体系和成长空间方面，我参照了创业公司的做法。比如，我会给他们一些期权作为奖励，我作为天使投资人，若有好的项目，也会带上助理一起参与投资。

他们如果需要大的开销，比如买车、买房，我也会给予资金上的支持。

如果说我是一位天生的保险人，那么一定是得益于助理的协助，我才能尽情发挥才能。像所有职场人一样，我的助理也会离职，团队也会有正常的人员流动，但不管在哪里，我们都会彼此牵挂，因为我们曾经互相帮助、共同成长。

我曾经的一个助理，因为要照顾家庭，不得已离开了我们的团队，但五年来，每次我过生日，她都会寄一份我喜欢的东西，因为她知道我要什么。

一定要留在市场一线

> 我不想因为自己的成绩和身边的人产生隔阂，我要的是亲近感，无论我在这个领域获得多高的收入、拥有多高的地位，我都不想丢失这个本性。

"你是叶云燕的客户吗？"

"不是，我还不够格，我朋友是。"

这是林海川先生和一位创业者的对话。林海川先生和我一样，是一位资深的寿险代理人，被誉为寿险营销领域"第一笔杆子"。那位说自己不够格的创业者，是他在厦门做寿险培训时遇到的。

这段对话在很多人看来，也许可以代表我的成绩和荣耀，他们认为我已经是保险业耀眼的明星，甚至想成为我的客户也需要一定的"量级"。但在我看来，这反而是我需要自我检讨的地方，是不是我没有做到对待客户一视同仁、不分大小，所以才会让大家产生这样的心理？

我出差在外会遇到形形色色的人，我喜欢和别人交谈，当我告诉对方我是做保险的，有人会问我："叶云燕做保险很有名，你认识她吗？"

我回答："从叶云燕出生的时候我就认识她了。"

我不想因为自己的成绩而与初次接触的人产生隔阂，我要的是亲近感。无论我在保险领域获得多高的收入、拥有多高的地位，都不能丢掉这种特质，因为我现在所拥有的一切都源自我的客户。

　　同时我发现，隔阂也与这个行业中的一些不良竞争有关，比如恶意退佣，这让每个正直的保险代理人都深受其害。有些同行在抢单的时候，如果发觉客户要找我投保，他们会说：你是小客户，叶云燕很忙，她做的都是大单，是无暇顾及你的，不能为你提供优质的服务。

　　有的客户会向我转述这些话，那么我会亲自去拜访客户，不论这个单子大小，都不能成为我的丢分项。

　　即使我已经晋升为业务总监，而且综合金融、团队管理的收入也很可观，但展业的收入一直占比最重。虽然管理团队占用了我大部分时间，但我对自己展业的要求从未降低，如果我发现自己在一线展业的时间少于1/3，我会在内心责怪自己不够努力。

　　这是我要留在一线市场的原因：第一，我真心热爱这项事业；第二，要保持专业性，那么在学习之外，更不能让自己脱离市场；第三，我的客户乐于和我沟通。我希望自己能够不断提升客户体验，无论是面对老客户还是面对准客户。别人可能会抢走我的客户，但抢不走我的专业能力和服务。正因为我在一线市场的坚持，近两年来，我的客服服务体系才能够顺利升级为客户体验系统。

　　保险业早已经成为我认定的行业，我希望身边的人和每一个客户都能得到更好的保障和更优质的服务。

第7章
高效服务：客户永远比你有耐心

相信很多代理人在参加从业人员资格考试时会遇到下面这样一道题目：

> 在执业活动中加强业务学习，不断提高业务技能。这诠释的是职业道德原则中的（　　）。
> A.守法遵规　B.诚实守信　C.专业胜任　D.勤勉尽责

这道题目的正确答案是C。

2004年12月，原保监会出台了《保险代理从业人员职业道德指引》，明确了代理人的专业胜任原则。一位代理人如果想制订专业的保险方案，其复杂程度不亚于一台小手术。保险代理人需要花费多年时间不断学习，通过无数家庭案例，还有每周的实时学习、每月的交流会议、每季度的跨省沙龙和每年度的海外游学，才能达到成熟而专业的标准。

因此，留在市场一线不断展业，才能更新自己的营销技能，紧跟市场节奏，创新销售方法与方式，促进快速签单。

周末，我会带着我的儿子一起去老客户家展业，既能工作又可以陪孩子。

代理人这个行业早就进入了一个洗牌的时代，洗牌的背后其实是在洗人，那些懒惰的、浮夸的、投机的、贪婪的代理人必将被市场淘汰。专业是代理人的基础，我们应该不断完善不一样的客户体验。

我就是在与客户的相互学习中不断成长的，我希望自己跟得上客户需求的变化，虽然我已经从业20年，但整个保险行业在中国才刚刚起步，我们远远没到坐享其成的阶段。

现在，签单对我来说已经是非常容易的一件事情，我的个人品牌已经转化成了营销力。

但我仍然坚持不断学习新的知识，接收新的资讯。我的客户都喜欢和我沟通，大概因为我是个"好侦探"，在别人错过的地方，我反而能找到商机，发现客户的潜在需求，为他们送去真正的保障；可能因为我是一位"好医生"，我能够为遇到困境的企业开出良方，帮助客户解决遇到的难题；当然，我也是一位好商人和好的投资人，在厦门这个市场上，我严谨、有条理，并且消息灵通。

为什么不找叶云燕聊聊天呢？聊保险我很专业，在保险之外，我的财富管理理念、服务理念和营销理念，都是客户所需要的。

在我刚来厦门不久，月收入只有一万多元的时候，我曾经遇到一对客户，夫妻二人把自己的存折和密码都交给我，让我自己取钱帮他们缴保费。我很忐忑，甚至不敢在他们面前打开存折，等到了银行，我打开一看：两百多万元的存款。

这位先生是建筑商人，他最初只身一人来厦门闯荡，我知道他如何挨过清贫和艰辛的岁月并积累这些财富，却把它们毫无保留地交到我手上，我从心底里感谢他们对我的信任。在展业过程中，我收获了太多这样的信任和尊重。不管发生什么事情，我都会在市场一线坚持下去，这是我的责任，也是客户对我的依赖。甚至，我希望通过我们一线队伍的信息和反馈，能够反向影响平安的寿险产品，从而为客户提供更优秀的金融产品。

  2013年12月，平安福上市，这款保障性旗舰型的产品历经3年，成了客户投保最多、销售最火爆的一款产品。平安福经历了4次产品升级，第一次是在2014年11月，可能没人知道，在这次产品升级前的6月，我顶着重感冒，花了几天几夜的时间，和平安人寿市场部的宋薇共同完成了一项"伟大工程"——《万能客户加保平安福技巧》。我把自己从业17年的所有知识都毫无保留地奉献了。我相信这项工程在未来一定会对平安整个公司的产品结构产生良好的影响，同时也能帮助平安所有保险代理人更好地持续发展，还可以让我们的客户拥有一生的高额保障。所以，即使再苦再累，我也觉得欣慰。

如何成为客户的亲人

> 只要你真诚付出，并且持之以恒，就一定会收获对方的真心，这会帮助我们在寿险这条路上走得更长远。

我初到厦门时举目无亲，但代理人这个职业让我在厦门拥有了很多胜似亲人的客户。

2011年，我受邀参加一位小朋友的一周岁生日宴，宴会主角是我一位客户的小孙女，在这个生日会现场，我是当晚除了亲人唯一的客人。

法律意义上的亲人，是因为血缘和姻亲；而生活意义上的亲人，则是因为牵挂和保障。

我是教师出身，与孩子沟通是我的专业，我习惯于放大自己的优势，也就是用自己的长处去做营销，这让我和许多小朋友结下了不解之缘。

熟悉我的客户都知道，我很喜欢做这样一件事情，那就是对客户孩子的学习成绩进行奖赏，不管是单元考还是期末考，我会给孩子们制定一个奖赏标准。当然，前提是要事先与其父母沟通好，能想象到，孩子们收到别人的激励时会有多开心。然后我便把对孩子们的承诺牢牢记在心上，只要他们取得了预期的成绩，

第 7 章
高效服务：客户永远比你有耐心

我就会第一时间赶到孩子那儿，兑现自己的承诺。这让小朋友和家长都非常开心。

如此一来，很多客户的孩子的成绩都得到了不同程度的提高。有的家长甚至请我去给他们的孩子做辅导，因为他们都信任我这位教师出身的人。偶尔重拾老本行也让我收获了更多的乐趣和价值。

15年前，当我还不清楚什么是客户服务的时候，就经常给女性客户做"三陪"——陪聊天、陪吃饭、陪逛街。我知道，有一些家庭主妇可能从未去过KTV，那时候刚刚流行卡拉OK。她们晚上要照顾孩子，还要做家务，只有下午才会有空闲。

我会在KTV包一个房间邀请她们来唱歌，起初她们都不好意思唱，在我的鼓励下，她们逐渐放开了自己，唱得开怀又尽兴，把日常生活中累积的辛劳和压力全都释放了。正是在这种情绪的作用下，她们真正敞开心扉，来探讨和规划未来的生活，此时，我们的销售机会也会大很多。

对于男性高端客户，我会选择与他们的家人成为朋友，在很短的时间内与他的太太、孩子相识，并且融洽地相处。为此，有人开玩笑说我是"妇女儿童杀手"。我的一位客户在厦门买了一栋豪宅，之后她对我说："燕子，这里有一层是你的。你可以随时来往。"

很多年轻的代理人跟我诉苦，感觉自己与上了年纪的客户沟通时压力会比较大，因为双方的观念有着很大的差异，希望我能教教他们如何与年纪较大的人沟通。

在我看来，这并不是沟通的问题，而是服务的问题，代理人更需要去想怎样服务好他们。很多老年人会把我当作女儿看待，其实不过是因为我做了儿女应该做的事情。

保险代理人都是杂家，我们学习医学、健康、法律、理财，是为了更好地挖掘客户的需求。而在销售目的之外，为什么不把这些知识用于帮助客户达成身体健康和家庭健康呢？

牵挂和保障是我们的本职工作，也理应是一位保险代理人的本能。每个人在不同的人生阶段，都会面临不同的风险，而风险的特点就是具有隐蔽性，潜伏在每个人的身边，却让人不易察觉。保险代理人是与风险打交道最多的人，也是经常目睹事故和灾难的人，我们相信科学多于相信命运，所以我们熟知人生每一个阶段可能面临的风险。比如，儿童发生意外的风险较高，中年人是癌症高发人群，老年人易摔伤，女性在40岁以后乳腺癌发病率则迅速升高……

一个专业而负责任的保险代理人，有义务提醒客户在每个人生阶段应该规避的风险。正确运用保险来保障自己和家人的生命健康是必要的，但是否购买我的产品，是客户自己的选择。同样，一位保险代理人也可以让客户的家庭财务状况更健康。但是，代理人要做的正确的事情，就是把目光从客户的钱包转移到客户身上，并真诚地为之付出。

如今的我已经不再需要为了保费而忙碌，而是为了让客户得到保障。千万不要认为这种牵挂和保障是单方面的，只要你真诚付出，并且持之以恒，就一定会收获对方的真心，这会帮助我们在寿险这条路上走得更长远。

客户不会轻易和代理人袒露心扉，更不要说当作亲人看待，在我看来，要么是时机还未成熟，要么就是代理人没有给客户足够的关心。

代理人一定要俯下身子做这些事情。我刚到厦门时，给自己的定位就是服务员和保姆，签下我的第一位客户——我婶婶女儿的男朋友的姐姐的朋友——之前，我一次次地拜访，一次次地解说。有一回，我打电话给她，得知她生病卧床没人照顾，便毫不犹豫地过去，买菜、做饭、照料、陪伴，当时我不仅仅把她当作一个客户，还是一位需要帮助的亲人，最终，我的真诚打动了她。直到现在，我们还保持着亲密的关系。

很多代理人刻苦地学习营销方法，学习察言观色的技巧，这或许可以让一位代理人签下保单，但却不能让你和客户走得更近。

我也懂得很多技巧，甚至现在的保险代理人正在学习的就是我总结的技巧，但我觉得，所有的技巧之外，一定要有本性在驱使你做这件事情。我是家中的长女，很孝顺，也乐于承担责任。我既拥有一颗少女心，又包揽了很多"社区大妈"喜欢做的事情，比如当客户的红娘、为客户设计难忘的生日等。

相信每一位代理人都知道日本的寿险大师原一平，原一平最迷人的地方就是他的笑容，他要练成什么样的笑容？是婴儿般的笑容。因为婴儿般的笑容是天真无邪的，是一个人来到这个世界上最初的样子。

也许有人会问，我为什么要成为客户的亲人？或许你已经有了答案，比如想在这个行业里长久发展，并且像我一样在一个小市场里取得好成绩。这至少是一种态度，它决定了我们做事的方式，如果暂时做不到，也可以朝着这个方向努力，因为这是正确的方向。

服务体系升级法则

> 我把五个不同标准的客户服务转变为三个体系的客户体验，分别为满足客户期望、超出客户期望和让客户感动，这意味着寿险行销进入了新的时代。

胡明田先生曾对我说："依我看，中国平安应该感谢你，你真的把服务做到了极致。"

前两年，我收到过马明哲先生的邮件，他想了解一下我服务客户的方法，于是我把自己创建的客户服务体系发给他过目，得到了马明哲先生的高度认可。

我给这套服务体系取名为"服务客户的五个层次"，十几年来，我一直依照这套理论为客户服务，并不断成长进步。

客户营销的根本就是服务，是用心体贴、不断创造价值，并且让客户感动的服务。以往我们客户服务做不好，原因就在于没有找到服务客户的理由。所以，要想做好服务，就得找到服务的理由，理由越多、越充分、越合适，服务就越能做好。

我用自己十几年的付出创造了这套客户服务体系，这里面的每一个动作都经过了我的亲身实践和检验。

这套体系的核心价值是帮客户获利："一个人有能力帮你赚钱的

时候，你会觉得他是很有价值的人。最高境界的服务，就是让客户感觉你是一个有价值的人。"

2016年7月，我将这套服务体系做了升级，把五个不同标准的客户服务转变为三个体系的客户体验，分别为满足客户期望（意料之中，情理之中）、超出客户期望（意料之外，情理之中）和让客户感动（意料之外，情理之外），这意味着寿险行销从2.0时代进入了3.0时代。

我认为这次革新是"服务的新趋势"——寿险行销的1.0时代可能只是推荐产品，但在追求客户服务的2.0时代，我已经做到了极致。当我率先发起客户体验的3.0时代变革时，就宣告着寿险行销开始真正以客户需求为导向，以客户心理为前提，以客户体验为标准。

在这套体系中，客户对保险产品以及对代理人的需要，是给代理人的第一个机会，是代理人满足客户的机会；当客户有个性需求的时候，代理人就获得了超出客户期望的机会；当客户有困难需要帮助的时候，让客户感动的机会也就到了。

对比2.0时代的客户服务层次和3.0时代的客户体验体系，我们不难发现，在细节上，这是一次与时俱进的升级。

我充分考虑了平安集团综合金融发展所带来的融资便利和理财优势，同时，也考虑到了社交形态的变化所引发的客户注意力转移。

自从创建这套客户服务系统，我便一直在敏锐地观察着我的付出与客户需求及客户情感之间的关联，在长久的积累之后，终于找到了一个平衡且简单的公式。

  其实我是一个很简单的人，做事情大多出于本能，很多技巧也是在事后总结得出的，只有自己做过，才知道对与不对。很多不了解我的人会感到疑惑：为什么我总是做得面面俱到？其实答案很简单，我只是单纯地想把一件事情做好，没有顾及其他，这反而是很多人所欠缺的，因为人们往往是想得太多而做得太少。

第 8 章
大单成交的秘密

第一，为客户量身定制保险方案，设计出能够真正体现和保障客户生命价值的保单；第二，了解高端客户的沟通习惯，与之建立有计划、多渠道的沟通；第三，站在客户的角度想问题，让客户感觉"我想购买"；第四，把握促成时机，让客户做最终决定。

成为量身定制的高手

> 专业的代理人一定要敏锐洞察客户的真实需求，敢于表达不同的意见，提出好的方案与建议。

从 2006 年开始，我的百万元保费大单就不断出现，"叶百万"这个称谓不胫而走。同年 1 月 1 日，明欣部成立，我开始带领团队，但又不想落下个人业绩，于是选择主攻高端客户，专做大额保单——既然做保险总要被拒绝，为什么不选择被有钱人拒绝呢？

2012 年，我签下了一份超过 1 亿元保额的保单，2014 年签下了一份 1.9 亿元保额的保单，2015 年则签下一份 2 亿元保额的保单。

我一直提倡大家要买对保险，选对保额，很多人不知道，这与我 2012 年所受的一次打击有关。

2006 年，我通过陌生拜访认识了一位企业家太太，她并没有给我太多的说明时间，便直接提出了自己的保险需求：月缴保费 500~600 元，买一份兼具重疾、意外、投资保值分红的保单。于是我按照这位太太的要求做好了一份每月缴 600 多元，1 年缴 7 000 多元的保单，顺利地签单了。

随后，我意识到这家人的经济实力不错，但保额实在是太低了，于是我几次找这位太太，建议她续保并增加保费，但都被她拒绝了，这也是人们常有的一种心态——只要买过保险，就不需要再买了。

2012年，意外发生了。我突然接到这位太太的电话，她说她的先生得了淋巴癌，想了解下一步保险要怎么理赔。

我马上带着助理开车去医院帮她想办法，以最快的速度理赔，以最好的方式服务。但很不幸，这位先生还是去世了，我第一时间送去了15万元理赔金，可是这位太太很冷漠地说："我当初就说不买，买了你的保险出事了，就这么点钱管什么用？人家的老公得了癌症都是赔了100多万元。"

当时我的一腔热血被泼了冷水，很沮丧。这件事情发生之后，这位太太还不断跟她的朋友讲，千万不要买平安的保险，因为赔得很少，但她却从来不说别人年缴保费十几万元。

这件事让我意识到：我应该为我的客户设计符合他身价的高额保单，并不能单纯以客户的想法为准。

大多数客户并不清楚自己该买哪个险种，他们向代理人表达保险需求时会产生偏差。而有的代理人信奉客户就是上帝的信条，设计出的方案往往故意迎合客户，即使客户的需求并不合理。专业的代理人一定要敏锐洞察客户的真实需求，敢于表达不同的意见，提出最好的方案与建议。

自此以后，我改变了自己做事的方法，为客户量身定制方案，设计出能够真正体现和保障客户生命价值的保单。所以说，人寿保险最好的服务是帮客户设计安排足额的保险保障。

那么，我是怎么说服客户买下高额保单的呢？这些高端客户通常都很忙，代理人很难找到他们并进行详细讲解和有效沟通。

于是，我会先邀请客户去做体检。保险公司的体检远比普通的体检严格，保险公司的医生非常负责，即便是一粒小小的囊肿，也要核实是良性之后才准许客户投保。

我会告诉客户，我专门为其申请了免费的专业体检，只需一个多小时，而且不需要排队。

到了体检当天，如果时间允许，我会亲自开车去接客户，通常我会约夫妻两人一起去，其实我是为了在路上与客户聊家常，聊聊他们喜欢的创业史。

到了体检中心，我会对客户说："您看，来这里的这么多人都是买了保险的。"我的潜台词是："您看，这么多人都买了，您还犹豫什么？"

"您这个指标可是我好不容易争取来的，他们都是花钱来的，只有您是免费的。"这样说，会让他感觉欠了我一个人情。

体检结束之后，一定要约客户吃饭，一般情况下他是不会拒绝的，这就是代理人与客户建立信任、介绍产品的最佳时机，也更容易促成保单的签订。因为客户会觉得欠了你很多人情，那么他购买保险的可能性也比较大。再综合利用契调，告诉客户，保险并不是谁都可以买到的，需要严格审核客户的健康、财务状况。

很多人都有这样的心理，对容易得到的东西不屑一顾，相反，对越不容易得到的东西，他们反而会说："是吗？那我试试看能不能批准吧。"这时候你已经成功了一大半。

体检结果出来，如果客户身体达标，便可以立即购买。但是大部分企业主多少都会有健康方面的问题，这样就需要加保或者延迟投保，那么代理人需要做客户的工作：增加的费用并不多，很多人都会被拒保，您能参保已经很不容易了。

专业寿险顾问的工作有时候很像一位医生，先诊断再给方案，如同医生先诊断后治疗一样。一个好的医生要有好的医德和医术，不欺骗病人，尽自己最大的努力医治病患，所以，优秀的代理人也一定要为客户尽最大的努力。

2015年，我签下了一份保额2亿元的"平安福"，这2亿元将传承给客户的下一代，这份保单一方面是他身份和价值的体现，未来的家族中又会多一个亿万富翁；另一方面，可以让这位客户通过保险工具，从法律和税收的角度合理合法地保全和传承这笔资产。

对家庭资产的保障，是亿万富豪急需寻找的财富风险管理工具，针对这一需求的保险产品也因此有着巨大的市场。

在我看来，亿万富豪主要分为两种：一种是高净值客户，这类客户已经挨过了创业初期；另一种是高负债客户，在珠三角地区就存在着这样一大群中小企业家。这些有亿万身家的中小企业主，大部分都从事劳动密集型产业，遇到的财务风险往往与融资有关。如果企业健康成长，一切都会很完美，一旦遭遇金融风暴或决策失误，在面临破产之际难免波及家庭，因此需要尽早做财务规划，提早将用于家庭生活的资产从债务中隔离。

《中华人民共和国保险法》第二十三条规定：任何单位或者个人都不得非法干预保险人履行赔偿或者给付保险金的义务，也不得限制被保险人或者受益人取得保险金的权利。如果通过保单隔离的资产足够多，甚至可以作为"东山再起"的资金。

我身边有一个真实的例子。几年前，有一家企业因为食品安全的问题被相关部门调查，企业主几乎破产。为了还债，他把公司所有资产都卖了。为了做最后一搏，他找朋友借钱。虽然平时身处同一个圈子，对彼此知根知底，但没有人愿意冒风险，因为借出的钱很可能有去无回。在这种情况下，他最多可以借到几百万元，但对于一个大企业来说，这个数字只是杯水车薪。

在最后关头，他找到了我。他和太太曾经在我这里投了2 000万元的保单，他问我应该怎么利用。我建议他将这个消息告诉身边的朋友，这份保单增加了他的商场信誉度，也变成了他的无形资产，朋友们纷纷伸出援手，如今他已经渡过了那场危机。

还有那位投了1亿元保单的客户，2017年就跟我讲，正因为这份保单，他的企业连信用额度都有所提升，这完全是他意料之外的事情。

拿下高端客户：从卖"服务"到"卖筹划"

> 代理人要做优秀的服务提供者。所谓的"筹划"，便是用保险工具对客户需求进行匹配，同时主动、积极地配合其他财富工具，对其进行运筹规划。

保险是一种读人的智慧，很多代理人不止一次听过我的分享课程，无论是讲主顾开拓还是讲服务体系，我始终强调的都是"个性化需求"和"客户心理"。

我们在前文讲过，我是和厦门的"创一代"共同成长起来的，因此，我了解这个群体，其中有不少与我相互信任的长期客户。我自己的年收入也过了千万元，因而有相应的富豪圈子。

在保险行业，大多数代理人都基于各种原因不敢进军高端客户市场，反而在中低端市场里你争我夺。其实，代理人在面对高端客户的时候不要有自卑感，因为中国的富豪大多只有20年的发达历史，但要尊重他们的成长经历和成就——他们中的大多数人出身平凡，却赤手空拳打下了江山。

通过对高端人群的成长经历和特征进行分析，你就能够得到打开财富之门的密码。

每一位成功人士背后都有一部血泪史，针对这一点，我采取的行销策略是，以请教、学习的姿态借题切入，引起客户的共鸣，形成认同感。

而在知识结构上，任何一位高端客户都会存在不熟悉的领域。我的高端客户营销之道就是找到客户的弱势项目，以此切入，为自己建立一定的行销心理优势。

至于性格特征方面，高端人群往往具有自信、执着、敬业等特质，我采取的行销策略是用自己的执着和敬业精神感动他们，让客户看到自己当年的"影子"，因此而产生代入感和认同感。

再者，高端人士一般具有良好的生活习惯和工作习惯。因此，应该了解高端客户的沟通习惯，与之建立有计划、多渠道的沟通方式。

其实，高端客户的情感世界也是非常丰富且细致入微的，只是一般人很难打开这扇门而已，所以要"用心解读客户心理"，让客户感受到"被关怀、被尊重、受照顾"，还要特别注意的是——做一个认真的倾听者。

近几年，我有 80% 的高保费保单都来自企业主，只有当他们真正认同一位代理人的时候，才可能相信你，并与你很好地沟通。所以，我会让服务走在销售的前面，让销售变得顺理成章。

还有一类高端客户是高层管理者，他们不喜欢啰唆、情绪化的代理人，更倾向于专业、自信而理性的代理人。这类人群的普遍特点是文化程度高，接受新鲜事物的能力强，通常不会注重产品本身，但会注重代理人的人格魅力，非常注重售后服务和全保障类的产品。

2016年10月5日，春雨医生创始人张锐先生突发心脏病离世，随后他的夫人王小宝女士发布了一篇追思亡夫的长文——《一个人，和他的爱》，这是一篇让无数人垂泪的文章。

在这篇文章里，王小宝女士写道："现在你走了，你还是没给我买过车，买过房，你也没有保险，没有理财……"

张锐先生因其在移动互联网领域的地位及成就，被很多互联网创业者奉为楷模，他的离去既让人悲痛，又让人警醒。

我和以蔡文胜先生为龙头的厦门互联网圈很熟络，在此之前，我从来没有主动向这些创业者兜售过保险，虽然我知道，只要我开口推销，他们肯定会买。

张锐先生离开之后，厦门有很多互联网创业新贵主动找到我："燕姐，帮忙给我设计一份比较高额的保单。"

我也很为张先生痛心，但如果站在一位代理人的角度来看这个事件，就是保险的意义与功用的最生动说明——发生在别人身上是故事，发生在自己身上便是事故。张锐先生的事故所带来的巨大震撼，还在于他所从事的移动医疗行业与他的突然离世所形成的巨大反差。

虽然我有很多高端客户，也做了无数大单，但我知道，这些高端客户所代表的中国富人阶层，并没有真正的保险意识，重视并购买保险的人不多。

很重要的一个原因在于，他们往往高估了自己应对风险的能力。张锐先生的事件给了我很多启示，西方人爱说"I will see it when I believe it"，这也是大多数人对待保险的态度：不相信时，对一切视而不见，就算看到也觉得不对；一旦相信，便会反复出现。

我的一位客户说过一句让我很震撼的话："男人，站着是一台印钞机，倒下了也要变成一堆人民币。"既然我要成为一名专业、负责任的保险代理人，我就一定要提醒客户人生每个阶段应该规避的风险，培养他们的保险观念，让他们学会正确运用保险来保障自己和家人的生命健康。

很多代理人都是优秀的服务提供者。不过，市场风云变幻，随着客户——尤其是寿险中的超级客户——内在需求的变化，"卖服务"已经不能满足这种发展，对于服务这些超级客户的代理人来说，需要从"卖服务"向"卖筹划"过渡和转变。

所谓的"筹划"，是指根据客户的国内外资产情况、家庭成员构成及具体特征、潜在财富风险及规避需求，从财富管理的全角度，用保险工具对客户的客观需求进行匹配，同时能够主动、积极地配合其他财富工具使用的运筹规划。

综合法律工具的应用，不仅可以站在客户的角度为其匹配和制订财富管理方案，而且有助于与客户一起站在财富跨境规划、安全、传承的高度，并结合成熟有效的财富管理工具，共同制订家庭或家族财产管理方案，让客户对目前保险产品及配置匹配度的不足形成正确的认识与自发的需求，再通过和其他财产管理工具的综合应用，制订并实施全套家庭、家族财富管理方案，进一步增强客户与保险代理人之间的服务黏性。

我也许无法涵盖所有高端客户的需求，但我认为万变不离其宗的，是高端客户捍卫和保全资产的需求，通俗来讲，就是无法忍受从好日子到苦日子的跌落，这是人的共性。所以，高端人士需要做资产配置，才可以做到进可攻、退可守。

在给客户介绍保险产品的时候，我喜欢以自己为例，如今我的保险保额是 6 500 万元——我称其为身价。

2009 年，我第一次去美国参加 MDRT 年会，当时碰巧遇到禽流感疫情暴发，我还是坚持要去。但那一刻我突然萌生了一个想法：如果这是一次有去无回的行程，那我该怎么办？

我觉得自己应该写一份遗嘱，当时首先想到的是父母，他们没有工作能力，需要赡养；我年幼的儿子，到他大学毕业甚至自立还需要十几年时间；我收养了一百多名孤儿，我承诺过要培养他们直到大学毕业；我想捐助希望小学、建立慈善基金、建立爱心基金等。在写遗嘱的时候，我意识到自己的钱并不够，如果我发生意外，梦想就无法实现。

于是，我给自己买了 1 200 万元保额的保障，后来又陆陆续续追加到 6 500 万元。当我与客户分享自己 6 500 万元"身价"的时候，客户都会感同身受，也更有说服力。

后来我又想到，虽然这个保额并不低，但只有保险其实还不够，因为这 6 500 万元的受益人是我的母亲和儿子，但如果我发生意外，年老的母亲和年幼的儿子是没有能力控制、支配和管理这笔钱的，而且很有可能会遭到居心叵测之人的利用，这也就违背了我的本意。

因此，在 6 500 万元保额之外，我又追加了一个家族信托的功能，为这笔钱注明用途，这才是全面的财富管理。

  2017 年 1 月，仅一个月时间，我就卖出了几十个信托产品。随着富裕人群对资产保全和低成本资产传承等需求的增加，我相信高手们签大额保单的机会也将越来越多。

回归初心：让客户发现产品的价值

> 和客户谈保险，站在自己的角度，给客户的感觉就是"他在倾销"；如果站在客户的角度，给我们的感觉，就会是"他要购买"。

寿险营销的本质，就是如何与顾客做好沟通，通过产品功能取悦顾客而达到销售的目的。

乍听起来，这和我们强调的寿险销售特征是相反的，因为一直以来我们受到的行业培训都是——寿险营销的本质是获取客户的信任。

但买对产品且买得放心，无论是对客户还是对代理人而言，都是正确的追求。因此，代理人要找到有相同追求的人。客户在选我们，我们也在选客户，不要被佣金蒙蔽了双眼，而不尊重知识。

代理人制度到现在已经走过了26年，早年间，保险代理人经受了巨大的压力和考验，利用信任关系，把路径走通，形成了自己的能力优势，然后组建了团队。在如今这个时代，产品导向已经走向极致，需求导向正在萌芽，我们必须要做的，就是回归初心，回归保险真正的价值内核。

作为一名"听话照做"的代理人，我从来没有怀疑过公司产品的价值，常常会站在客户的角度思考产品的设计，也收到了不少正向的反馈。那么，如何把我们对产品的坚定信念传递给客户呢？这就需要进行专业的产品说明。

所有的产品说明都是为了让客户发现产品的价值：它有什么好处？如何使用它？它是否不可替代？

成熟的代理人肯定需要掌握一些说明技巧。比如，当客户真正开始思考的时候，当客户产生兴趣的时候，当客户希望解决问题的时候，都是代理人需要着重说明的时候。

但不管说明的技巧如何纯熟，如果代理人对产品的认知不够专业，那么肯定无法清晰而全面地解读产品，也就无法取得客户的信任，自然无法促成保单的生成……就如同一个产品的连锁反应一样，环环相扣，缺一环都无法完成交易。

因此，我们对产品的认知一定要形成体系，否则既不专业，也不划算。很多代理人往往习惯于站在自己的角度解读产品，说出一些自以为专业却让客户听不懂的话，做出一些让客户搞不明白的事，给客户的感觉仅仅是"他在推销"；如果能够站在客户的角度想问题，客户的感觉就会变成"我要购买"。这是两种完全不同的感受和体验，也是我们用产品取悦客户的目的。

我总结过与高端客户沟通的四个通用方法：第一，不能小气，但要节俭；第二，别让他们为你付钱；第三，最重要的是建立交情；第四，对有钱人来说，买保险只不过是把他的钱从银行转到保险公司而已。

这是基于人性出发的心理优势的较量，以第二条为例：如果让客户付钱，他会认为之前欠你的人情已经还了。所以无论他多富有，我们一定要付钱。

这些方法的价值在于，可以帮我们在客户面前建立心理优势，从而有机会与客户沟通，了解他的需求，从而制订一份适合他的保险计划书。

计划书的制作，在整个专业化销售流程中是很重要的一个环节，是我们与客户签约的前奏。计划书做得好，会让客户认同产品，确认自己的需求，同时也更加清楚地知道他的保险利益，从而更快和我们签订保险合同。

保险计划书的制作是否贴身合心，将成为最终能否打动客户的关键所在，而这也是衡量代理人水平高低的关键。

在整个成交过程中，制作和递送保险计划书是非常重要的一环。由于递交计划书之后，代理人将和客户直接进行产品沟通，所以必须要设计出符合客户需求的计划，要涉及客户的年龄、性别、家庭经济状况和家庭结构；同时，还要考虑客户的喜好，支付保险费的能力，已经参加的保险、已经了解的保险公司产品，以及所处的工作环境、企业的性质、享受的社会保障待遇等。

在工作中，我们经常采用保险存折，一方面可以对客户缴费时间加以提醒，另一方面可以了解客户参加保险的情况，包括在其他公司参加保险的情况，同时了解客户的缴费能力。通过对客户信息的分析，我们也要在保险计划书中确认对方投保的对象，也就是这份保险的受益人应该是谁。以我的惯例，通常先寻找家庭的经济支柱，他是首选对象，其次就是他的爱人，最后是孩子。在了解客户的综合信息之后，帮助客户分析家庭主要成员的状况和主要经济收入来源，从而设计计划书。

我们一定要承认，保险应该出自客户理性的决策，因为保单是极其严肃的法律文件。如果客户因一时头脑发热而签约，很难保证日后不会反悔。客户反悔就意味着对保单甚至保险代理人的不满意，也就违背了营销理论中的4S理论①与客户满意度的原则。

假如客户由于信任某个代理人从而购买一家原本与自己不相关的公司推出的产品，而且是由一份严谨的法律文本所描述的保障产品，这件事情本身就有相当大的难度。

首先，保险代理人学历、经历与水平参差不齐，不同的代理人对产品和客户需求的理解力有差距。毋庸置疑，对一些代理人而言，清晰说明产品会存在一定的难度；而作为家庭保障以及投资与理财的重要方式之一，保险应该是理性的行为，既然理性，就需要计算投入与产出，这对不少代理人来说又是一个难题。

虽然客户的决策往往是在几秒之内、在电光石火的一瞬间做出的，但他们在事前肯定会经过理性的斟酌，事后也会进行反复思考。

我绝对不会忽视客户与代理人之间的信任的价值，人品可以包含人的性格与素养，而信任却可能仅仅是一种感觉。

我反而认为，比信任个人更为重要的，是客户对产品的认可、对机构的认可和对行业的认同，同时又能充分意识到自己的需求。

---

① 4S营销理论指的是满意（satisfaction）、服务（service）、速度（speed）、诚意（sincerity）。——编者注

随着国人保险意识的提高，客户理性决策会是必然的国际化趋势。

届时，我们每一位保险代理人都可以轻松地对所有人说：你可以不信任我，但你不能不信任法律文件，不能不信任保险公司，不能不信任保险公司的主管机构（原保监会），不能不信任国家的信誉，也不能不信任国际化的趋势。

向前一步：最后的购买决定由客户来做

> 如果代理人在交谈中了解到客户非常需要保险保障，那就应该认识到，营销的失败对于双方都是一个损失。

促成，就是代理人帮助和鼓励客户做出购买的决定，并协助客户完成购买手续的行为和过程。众所周知，行销的目的就是能够成功售卖产品，因此，促成签单在整个寿险销售流程中显得十分重要。

可是，在拜访客户时，不少代理人对促成这样一个环节感到十分困惑，特别是对于进入公司不久，还一直处于努力拜访客户阶段的新人，在实际工作过程中普遍存在一个致命弱点——没有把握好促成的时机，导致工作绩效差，进而对行业前景和自己的能力产生怀疑，甚至最终遗憾地离开保险行业。

朱美音女士曾对我说，她刚入行的时候，和客户谈了好久保险知识，即便觉得无话可谈了也不敢促成——新人阶段有这种犹豫是很正常的，浅层次的原因是他们害怕被拒绝；而更深层次的原因，则是没有从心态上做好准备。

代理人应该自豪地将"促成购买决定"视为帮助客户的机会。如果代理人在交谈中了解到客户非常需要保险保障，那就应该认识到，营销失败对于双方而言都是一个损失。

当然，交易的促成不是随时随地发生的，它需要代理人的努力和判断。时机往往稍纵即逝。如果我们能及时对新人进行促成方法的针对性实战培训，他们的成功概率就会大大增加。其实，促成就是代理人在与准客户交流的过程中，捕捉准客户的购买信号，然后使用最有效的话术，从旁协助准客户做出购买决定。

实际上，促成不是一个单纯的阶段性动作，而是一个反复的持续性过程。在促成过程中，代理人会遭遇多次被拒绝或其他难题，其实大部分都是可以在接触和说明过程中得到解决的。

如果没有对这些问题进行及时处理或处理不当，便有可能在促成时爆发，使代理人错过促成时机。即便强制促成，客户也会因心存戒备而难以接受，从而导致促成的概率大大降低。

因此，只有在搜集资料、找到客户需求、激发客户购买欲望并制订计划书这四个环节步步到位的前提下，销售促成才会水到渠成。

沟通不是销售流程的结束，而是过程。所以面对准客户进行销售促成时，既要把握好促成的时机，又要有良好的心态准备，既能放得出，又可收得回，做到知己知彼，百战不殆。

代理人有时候会遇到这样的准客户：看似沟通顺畅，气氛也很融洽；商品说明你讲得很仔细，他也懂了；他提出的拒绝理由，你也逐个进行有效的处理，令他很满意。可是，他就是不肯购买。

面对这类准客户，代理人往往头痛不已，并把他们纳入最难应付的客户类别之中。其实，许多代理人都在这方面吃过亏，以为再多花一点时间和精力，一定可以成交。但是，这样做会把战线拉得很长，最好的做法还是要想方设法立即成交，绝不能放松。

对于这类准客户，最好是要施加一些压力，当自己有着"不成功便成仁"的心理准备时，就能够以毫无顾虑的姿态销售给对方。你不妨展示你绝对的自信，一改先前的态度和语气，立即提出促成要求，说不定这种"破釜沉舟"会立即收到意外的惊喜。但一定要记住，代理人要按部就班地引导客户走向促成的终点，切不可给准客户太大的压力，以免物极必反。

无论代理人采取什么方式促成，一定不要忘了一条铁则——最后的购买决定要由客户来做，如果你在销售中能固守着这一条铁则，就不必担心业绩不好。

如果一味地给准客户施加压力，致使他们不得不购买，就会让他们产生很大的心理压力。也许你的方法在当时看起来似乎有效，但那终究是你的决定而非出自准客户的意愿，那么事后他们会再三思量，多半会反悔。

因此，代理人给准客户施加压力也要适中，要讲究技巧，并且最终由他们自行决定购买。

同时，代理人应该留出足够的空间和时间给准客户。帮助客户做最后的决定是不明智的做法。

你要学会给准客户进行有效的定位，不能忘记"准客户才是真正的主角"这个原则，以免遭遇客户解约反悔的难堪局面。

2007年以前，各寿险公司的培训部门给业务人员提供的销售模式一直是：10%建立关系，20%寻找需求，30%说明商品，40%成交。

后来，这个销售模式有了翻天覆地的变化，变成了：40%建立系统，30%寻找需求，20%说明商品，10%才能够促成。

目前，这是国际上最流行的销售模式，与过去完全相反，促成只需要占用10%的精力和成本。

我个人对这个模式是完全认同的，正因如此，这么多年来，我所总结的经验更多是主顾开拓和服务客户，我认为传递这些才是帮助代理人持续发展的核心。

在这个销售模式比例的基础之上，我还有自己的另一套模式，也是我多年经验的累积：与客户接触的时候，我会用90%的时间与他建立联系，而只用10%的时间与他谈论保险。如果结合上面那套流行的销售模式，你就会发现，在我的寿险行销中，促成所要耗费的时间，只是和客户建立联系的千分之一。

也就是说，促成对于我而言，已经成了一件自然而然的事情。

我曾有一位客户，我与他接触两年了，先后六次陪他去台湾，每当我们有适合他的产品时，只要我向他推荐，都能够自然而然地成交。

但即便客户轻松做出购买的决定，我也会真诚地告诉他们，现在购买是最合适的时机，这是在肯定他们做的这个决定。我会习惯说这样一句话：一切都是最好的安排。这几乎成了我的口头禅。

这是我个人的促成经验，但都需要持之以恒的付出，并不是每一位代理人都有很好的耐心，愿意花高昂的成本去做这些事情。

因此，我也会想尽一切办法帮助我的组员寻找促成的时机，就像在"三八妇女节"的时候，我一定要他们在当天抓紧促成，完成一些合适的女性保单。

有时候，我们其实就是在为客户找一个成交的理由。

签单之后：保单检视的价值

> 人身保险规划是一个动态的过程，不会因为一次购买而结束，我们一定要告诉客户，不能把保单束之高阁，长期不理。

是不是完成了签单就可以"一劳永逸"了？答案是否定的。其实，就像人的身体需要定期检查一样，我们也需要对保单进行定期"体检"来确保其效用。

保单检视在我的服务体系中一直是最基础的服务，但这项最基础的服务往往能带来意想不到的收获。

从2002年开始，我就为客户做非常专业的保单检视。当时，我感觉自己已没有更多的背景和资源得以在这个行业里取得更大的成就，于是，我选择了这样一条专业化的道路。

在我们的展业过程中，遇到的无非是两类人：买过保险的和没买过的。我都会用保单检视的方法告诉对方，为什么你一定要买保险。

现在保单检视已经完全变成一个电子化的程式，每一位客户都有一张我为他做的保单检视表，客户每新增一张保单，我都会把这些新增内容加进去，从而形成一张完整的保单检视表。

客户在某年某月某日买过什么险种、现在的健康保障是多少、意外保障是多少、重疾保障是多少，我会把这些写得清清楚楚，如果他想知道自己保了什么，也可以随时从我这里查阅。

在我的检视表下面永远有一行留白：客户目前的缺口是多少。我会根据他们的年龄、收入和职业进行及时的调整。但我坚持一个原则：最普通的客户，也至少应该有 100 万元的重大疾病险；稍微高端一点的客户可能需要 200 万~300 万元的保障；更高端的客户则要有 500 万甚至 1 000 万元的健康保障。

近些年，由于不断在做保单检视，我额外收获了非常多的客户。

2014 年的 7 月，我签下了一张年缴保费 437 万元的保单，这张保单缴费周期为 20 年。这张保单就缘于我非常完美的保单检视。

这个客户是平安的老客户，在平安年缴保费已经有几百万元了。我和她认识了很长一段时间，都在做行销服务，我并不知道她已经在平安买过保险，她认同我，但她的保险都是在自己的一位同学那里买的。

不幸的是，客户的先生患了重大疾病，她之前年缴保费已超 200 万元，但她先生的重大疾病却只获赔 20 万元。

如此一来，她还会认为保险是有用的吗？虽然她不缺钱，但这让她对保险产生了疑问。

偶然一次机会，她给我打电话，请我为她做保单检视。之后我便为她设计了 1.9 亿元的保障，其中有几千万元的重大疾病险，这份保单经历了两个月的"体检"和契调，终于在同年的 9 月核保。

当我用保单检视给客户说明之后，她终于明白了自己之前购买的保险究竟是保障什么的，同时也知道了自己还缺少什么。

人身保险规划是一个动态的过程，不会因为一次购买而结束，我们一定要告诉客户，不能把保单束之高阁，长期不闻不问。

现在，各家保险公司都有自己常规的保单检视表，其道理也是相通的。对于代理人来说，关键是要养成习惯，用更好的方式，随时随地为客户做保单检视。直到现在，我的每一位客户，每年都会收到我的保单检视表。

我无法保证可以将每一份检视结果当面告诉客户，但是我百分之百可以做到将结果邮寄或者发邮件给他们。这样每年都可以提醒客户，他到底拥有多少保障。这是我多年来一直坚持在做的事情。

买过保险的人或多或少都有了保险意识，如果代理人不坚持推动保单检视，对整个保险行业和代理人群体都会有伤害。要知道，客户在投保前可能会找各种理由不见代理人，而投保后则希望能经常见到我们。

代理人这个行业有着极高的离职率，很多代理人在客户的保单到期前就离开了保险公司，无法继续为签下的保单提供服务，这些遗留的保单就成了"孤儿保单"。虽然大部分保险公司会派来后继的保险服务人员，但难免使服务态度和质量大打折扣，这样的服务缺失却没有代理人来负责，最终还是由购买保险的用户承担。

保单检视的重要之处就在于，每个人的财务收支、财产结构、身体状况、家庭责任、家庭结构及外部经济环境等因素都在不断变化，都会影响保险需求和既有保障的效率，这就要求适时做出保障方案调整。该减的减，该增的增，这样做才能夯实家庭理财的根基。

"孤儿保单"所蕴含的危机在一点点爆发，就像我在厦门那家企业的食堂遇到的责难一样，这是整个行业的恶性因素。因为对于客户来说，购买对的保险才保险，而不是买了就保险。保险代理人的价值不仅体现在对保险公司负责，更要对客户负责，定期对保单进行检查，定期进行一些重要信息的更新，才能真正确保保险保障了投保人的利益。

比如豁免一项，作为家庭顶梁柱的爸爸去世，又缴了巨额的保费，但家庭没有续缴的能力，导致保单失效，这将会给客户造成不必要的损失。

所以，专业的代理人要对客户的家庭情况有全面的了解，据此做出专业、全面的保单检视和科学合理的计划书，让保险真正成为安全的保证。

客户在任何时候都愿意选择最专业的保险代理人，保险代理人也需要用心和专业。客户有一位专业的保险代理人作为朋友，是一件非常难能可贵的事情，而一份科学、准确、专业的计划书对任何一个人或一个家庭的保险规划来说，都是相当有价值的。

第 9 章
重新定义职业尊严：保险是最大的慈善

保险本身就是一个"大家帮助大家"的互助机制，这与慈善事业的"扶弱济贫"的机制非常契合。所以，找到了这个契合点，只要保险公司设计出合适的产品，就能参与慈善事业，通过保险的互助机制，来达到解决社会问题的目的。

用爱心活动开拓客户

> 让别人因为爱心而哭泣并不是我们的目的，让他们不为自己的事故哭泣，才是我们努力的原因。

我出生在霞浦，这是东海岸边的一个小县城，海岸风光秀美，但也饱受台风灾害。我在 2002 年为受到台风侵害的故乡霞浦进行过一次募捐，当场募集了 20 多万元。

或许正如丁当董事长所说，我最大的特点就是善良，在 1997 年刚进入保险行业的时候，我就开始做慈善，只是那个时候经济能力有限，只能去做结对帮扶，每年给一些贫困的孩子捐点钱，做一些力所能及的事情。

2013 年，我先后发起了三次募捐。第一次是为了帮助一位全身烫伤面积高达 80% 的小女孩儿，她是厦门两个打工者的孩子，我第一次在自己的朋友圈中发起了募捐。这次募捐一共收到了 30 多万元善款。这件事让我知道做慈善真的不容易。收了别人的钱，要做详细的登记，账目要一笔一笔呈现给别人，最后，我和朋友把善款送到了小女孩儿所在的厦门 174 医院，让她安心养病。

同年又有两起事件引起了我的关注，我通过第二次募捐救助了福建省一位患白血病的小女孩儿；另一起恶性事件则发生在我的老家霞浦，一个小女孩儿被她的恶父毒打，面目全非，我在霞浦的一个会长群里看到了这则消息，心痛不已，便发起了第三次募捐。

当我在微信群里转发捐助活动的时候，很多人因为这个善意的举动开始认可我。特别是在厦门的一个妈妈群，我告诉这个群里的200多位妈妈：这个孩子真的很需要我们救助，我心里确实很痛，因为我们平安就有一种保险，一年只要缴100元，就可以给孩子换来一年10万元的医疗费。

我只是随便提了一句，没想到群里马上就有人打算给孩子买重大疾病保险、医疗险和意外险。

我有一个可爱的儿子，在他四周岁生日的前几天，我无意中看到了《海峡导报》上的一篇社会新闻：有一个悲惨的家庭，女主人患晚期乳腺癌，在厦门174医院住院，家里有两个孩子，一个七岁的小女孩儿和一个三岁的小男孩儿，更不幸的是，女主人住院期间，她的丈夫到医院来为她送饭时横穿马路被车撞倒，当场死亡。这件事引起了很多媒体的关注。

当时我在想："如果这位母亲离开了，两个孩子怎么办？"

我把这个故事告诉了儿子，并计划在儿子生日当天去看望这一家人。我还发动身边有孩子的家长一起参与，我对这些家长说："一个孩子从小就有爱心，有感恩的心，长大后一定差不到哪里去。"我的这句话得到了很多家长的认可，我也请他们再多转发给其他人。

到了儿子生日当天，我们一行20多辆车、60多人，一起去往同安莲花镇。这是厦门最偏远的一个镇，需要两个小时左右的车程。

那真是个家徒四壁的人家，当时医院已经放弃治疗，让那位妈妈回家休养。我包了一个红包，也给两个孩子买了很多东西，其他人看到我这个举动，在现场自发地捐了一笔钱，由我和另外一位代表送给主人。

那天去的全是为人父母者，当天晚上五点多，我们从这户人家离开后，直接去了提前预订好的饭店，但晚餐时大家心情都很沉重。我想他们都深有感触：身为父母，如果不给孩子买保险，不给自己买保险，甚至无法给自己的孩子一个无忧的未来。

这场爱心之旅结束之后，我意外地发现，这场活动很好地诠释了寿险的意义与功用。在活动的整个过程中，我没有说一句关于保险的话，但回来以后，同去的人中有五六位家长主动找我买保险，直到现在还陆续有很多家长在找我。

这应该是我所创造的一场特别的产说会——我甚至连产品都没说，只是完全从自己的爱心出发，便在不经意间开拓了许许多多客户。

事后总结时，我把"用爱心活动开拓客户"也列为高效开拓客户的方法之一，这也是我本人以及明欣团队现在非常喜欢做的事情，但我并没有仅仅把它当作开拓客户的手段而忽视了应该付出的爱心。

保险代理人要多做一些有意义的活动，才能让我们更有尊严，更有价值。

我现在一直鼓励明欣团队的组员们去很多地方做义工，比如寺庙、教堂、社团等，在义工服务的过程中同样可以认识很多人。我自己非常喜欢通过爱心活动来开拓客户，而且我通常会发动一群人跟我一起做，这也是间接的主顾开拓。

保险代理人是见过事故和灾难最多的人，除了在理赔的时候需要面对客户的生老病死残，由于展业的需要，我们也要收集很多事故案例用来做产品说明，这些事故会让我们更加了解寿险的意义与功用，也更容易打动客户，很多客户在看到这些案例时甚至会流泪。

让别人因为爱心而哭泣并不是我们的目的，让他们不为自己的事故哭泣，才是我们努力的原因。

善举成就亿元保单

> 有一类客户，灌输保险的观念对他们完全没有用，但我发现，他们会被另一种事物打动，那就是爱心。

明欣团队的早会上，我在最后时刻登场，身后的大屏幕上是我做的PPT，上面有一行醒目的大字，"一切由一场人间悲剧说起"，PPT的黑色背景里透出几支烛光。

2017年3月6日，距离"三八妇女节"这个促成节点还有两天时间，我在早会上要讲的这个故事是"雨笑爱心基金"，这个基金和当年轰动全国的一场恶性事件有关。

2010年3月23日早上7时20分，福建省南平实验小学门口发生惨剧，13名正在学校门口等待进校的学生遭一名持刀男子砍杀，造成9人死亡、4人受伤的特大恶性杀人案，伤亡人员均为南平实验小学的学生，年龄最大的也只有13岁。

这起案件在全国引起了轩然大波，政府给每个失去孩子的家庭发放了50万元抚恤金。

周雨笑是其中一个不幸去世的孩子，他很特别，生前热情大方、乐于助人。他的父亲回忆说，他每年都会把自己的压岁钱拿出来帮助那些经济条件较差的同学，所以他的父母认为，与其拿着这

50万元抚恤金在悲痛中度过，不如为孩子们做点什么。

于是，周雨笑父母从福建省政府领完抚恤金，丝毫没有犹豫，便约见了福建省青少年发展基金会秘书长郑小芳，将这50万元全数捐出。福建省"希望工程"非常重视这件事情，用这笔钱成立了一个基金，就叫"雨笑爱心基金"。

目前这个基金已经帮助了福建省80多个孩子，但经过6年的运作，这笔钱已经所剩无几，因此，明欣团队和福建省青少年发展基金会合作，只要卖出一份"平安福"，就向这个基金捐100元。

听郑小芳秘书长讲"雨笑爱心基金"这个故事的时候，我一直在掉眼泪。

我真心希望明欣团队的代理人可以为这份基金贡献自己的力量，我大声呼吁："我们卖出50份保单，才能捐5 000元，也只是帮助一个孩子而已，大家真的应该再努力一下。我呼吁所有明欣的伙伴行动起来，为这个基金献出我们的爱。"

这是一次以客户的名义做慈善的活动，每一位献爱心者都将获得福建省青少年发展基金会颁发的爱心使者荣誉证书。

在这次早会上，我之所以一直在强调"雨笑爱心基金"，是因为自己的三个私心：第一，为了真正能够帮到"雨笑爱心基金"；第二，鼓励小伙伴们带着爱心前行；第三，当然是有利于他们促成。

"雨笑爱心基金"就是"三八妇女节"最好的促成礼物，我希望所有人真诚，唯一要做的就是全力以赴拿起电话，将这个真实的故事讲给那些犹豫不决的客户，告诉他们，这是为自己的家庭、为这个基金奉献爱心的时候。

第 9 章
重新定义职业尊严：保险是最大的慈善

保险本身就是一项慈善事业，有爱心的代理人可以获得更大的提高。我经历过无数爱心故事，其中一次对我的影响极其深刻，可以说是一次爱心行动成就了一个高端市场。

2007 年 12 月，厦门的天气特别冷，那时候我身怀六甲。一天，弟弟正在帮我开车，突然听到广播里播放了一条信息，厦门的一家养老院有 200 多位老人没有保暖内衣，寻求爱心人士的帮助。

我毫不犹豫地打通热线电话，告诉主持人我愿意做这件事情。

正是因为这个善意的举动，我偶遇了到隔壁孤儿院看望孤儿的一位女士，后来我才知道，她是厦门一个大家族的富太太。

我感觉自己非常幸运能够认识这样善良、充满爱心又富有的人。与她认识三年后，她主动为自己和女儿购买了保险，她为自己选的是养老金的产品，给女儿选的是教育金的产品，她在我这里年缴保费 40 多万元。

经过这几年的相处，她已经成了我一个非常好的影响力中心，"物以类聚，人以群分"，她会向自己身边要好的朋友、客户或初次接触的有钱人推荐："你有没有买过保险啊？我有一个姐姐在做保险。"

无论是在我的客户服务体系 2.0 版本里，还是在客户体验的 3.0 版本里，以客户的名义做慈善，都能给客户带来难忘的体验和感动。

有一年的儿童节，我为 1 000 个孩子每人送了一份医疗保险，全部以客户的名义，因为我知道，我能有今天的成绩全部得益于客户的支持，没有他们就没有今天的我。

我做慈善的经历更让我在签亿元保单时有了同理心。

有一类客户，灌输保险的观念对他们完全没有用，但我发现，他们会被另一种事物打动，那就是爱心。

曾经有一位客户就是这样，我为他介绍亿元保额的保单时，他并不为之所动，因为他认为自己的钱财足够应对生老病死的问题。后来我了解到，这位客户助养了150个西藏孤儿，于是我建议他，将保单生成爱心基金，即在身后将30%的保险金指定拨给爱心基金，以保证助养计划延续不断。

这张保单的最终保额为1亿元，客户年缴保费287万元，连续缴费20年。

由于热衷于慈善方面的工作，我曾经荣获中国平安"抗震救灾先进个人"、厦门市慈善总会"慈善热心人士"的荣誉称号，也是唯一一位荣获共青团福建省委、福建省青少年发展基金会授予的"突出贡献奖"的保险代理人。

2017年4月9日，一个阳光灿烂、春光明媚的日子，我当选为福建省青少年发展基金会第四届理事会理事长。到目前为止，这是我人生中最有意义的一个职务。没有年薪，却让我最为珍惜；没有职级，却让我充满激情。因为我接过的不仅是一份荣誉，也不仅是一项厚重的使命，更是一份沉甸甸的责任。我将尽我所能，与各位青基会理事一道，将慈善和公益作为人生中最美的一项事业来认真经营，作为一生的追求而不懈努力。

互联网时代的客户体验：成为叶校长

> 现在我已经捐建了 7 所希望小学，我的客户和平安集团是我慈善活动最大的支持者。未来，我将继续在公益的道路上前行，希望有生之年捐助 100 所平安希望小学。

每一位代理人加入平安后首先会看到"公司训导"，这份短短的司训只有八个四字短句，最后两句话是：创造价值，回馈社会。这一直是平安倡导的价值观，这种价值观得到了自上而下的践行。

我的第一份职业是小学老师，虽然我下定决心辞去教师工作，加入平安，但还是深爱着那些可爱的孩子。从 2007 年起，平安开始联合中国青少年发展基金会，发起平安希望小学支教行动，我申请去到平安的希望小学支教。

在这个大环境下，我们都意识到人生在世不仅仅是追求财富，随着我的团队持续发展，我也深感责任重大。这份责任让我开始思考，除了服务我们的客户，我是否应该为社会做点什么？于是，便萌生了帮助孩子们的念头。

2009 年，我捐建了第一所希望小学——金砂平安明欣希望小学，这所小学位于龙岩市永定县（今永定区），是著名的革命老区，我成为这所小学的名誉校长。我经常会收到孩子们写给我的信，也会在儿童节去看望他们，并给他们带去崭新的校服和文具。起初，这所小学缺少四间多媒体教室，我便告诉自己，要用一个月的时间存够这笔钱，后来我做到了。

孩子们告诉我，他们期待着我来金砂，我也希望自己能够常去，有时候我会带着主管团队一起过去，还会联络我赞助的台湾小学生到金砂来交流。在为这些孩子创造良好的学习条件的同时，我也希望能够帮他们打开一个看世界的窗口。

2012年5月，我捐建的古田县吉巷平安明欣希望小学落成。在落成典礼上，我与孩子们聊天，问他们有什么愿望。这些淳朴孩子的心愿在很多人看来都是微不足道的：有人希望能坐一次火车，有人希望能看看外面的世界，还有人希望能得到更多的课外书……

于是，我与孩子们有了一个约定，一至六年级每个班级期末考试的前三名，可以获得我的资助，来厦门旅游，看看外面的世界。

孩子们发自内心欢欣雀跃的样子让我既心酸又感动，那些小小的愿望，如果没有我们的帮助，很难想象要付出多少辛苦努力才能实现。

2013年3月，在我的家乡霞浦，洋里平安明欣希望小学落成，这是我捐献的第三所希望小学。我还认养了几个特别贫困的孩子，他们的父母都不在了。以前我觉得，不管赚多少钱，每年都要用20%左右的收入做慈善。但在认养他们的那一刻，我做慈善的心得到了升华。我每卖出一份保单，就可以多帮助一个孩子，这也成为我新的工作动力。

现在我已经影响和带动了很多客户共同参与，帮助更多需要帮助的人。

勿以善小而不为，个人的力量虽然有限，但只要坚持去做，5年、10年、20年、一辈子，总会为慈善事业做出自己的贡献，也会给社会带来正面的、向善的影响。

保险的本质和慈善是相通的，都是一项传播爱心的事业。我捐助希望小学并不是为了建立品牌，而是因为身处保险这个爱心行业20年，受到了潜移默化的影响。

但这些善举却对我的品牌提升有很大的帮助，我被新华网评选为"感动中国·2013年最美保险人"，就是因为大家认为我做的事情感动了很多人。

这些善举也对我和客户的关系产生了良好的推动作用。近几年，我一直在强调，互联网时代的客户服务变成客户体验以后，我们一定要改变思维模式，展业的方式也要改变。因此，我捐建前三所希望小学的时候，还在用我自己的团队来命名，后来，我选择用客户的企业来命名。

2014年10月，谊瑞希望小学落成，这所希望小学的名称来自厦门谊瑞货架有限公司，其董事长潘水明先生参加了落成仪式；2016年3月，郑墩镇安妮希望小学揭牌仪式在郑墩中心小学隆重举行，这所小学是以上市公司安妮股份命名的，安妮股份有限公司总裁林旭曦女士出席了仪式，见证了这个具有梦想意义的时刻。

当我用客户的企业去命名希望小学时，带给客户的感觉和体验是难以用语言表达的，就像我走进自己捐建的金砂平安明欣希望小学时，总会情不自禁热泪盈眶。

潘水明先生原本是一个从来不发朋友圈的人，就因为这所希望小学，他第一次发布了朋友圈消息。他说自己收到了几百个赞，感觉很开心、很骄傲。他在朋友圈里特别加上了一句话："感谢燕子一路的安排，这是对我的爱心和事业的支持。"

2016年，我举办了一场20周年感恩客户答谢宴，当时我已经捐建了5所希望小学，特意邀请了这5所希望小学的学生代表，他们在校长的带领下来到了晚宴现场，送上了自己精心准备的礼物。每位校长都发表了一段感人至深的演讲。

保险的文化是一种慈善文化，保险公司也在义无反顾地承担应有的企业责任。马明哲先生说，奉献财富和创造财富同样令人兴奋和快乐。

2017年5月27日，迎来29周岁生日的中国平安将司庆日设为"平安公益日"，以"心怀感恩、平安同行"为主题，欢度这个属于150万平安人的节日。

这些年来，平安在全国各地不断资助成立平安希望小学，以平安希望小学作为纽带，践行、传递公益理念，给偏远地区的孩子带去学习和成长的希望。

1994年，平安援建的第一所希望小学——安徽六安顺河镇平安希望小学顺利落成并剪彩开学。

23年之后的5月18日，马明哲先生重返该校。在支教课上，当他与孩子们分享《老人与海》的阅读课时，那琅琅书声，那窗明几净和纯净无邪、求知若渴的眼神无不令他动容。

在这 23 年间，全国 114 所平安希望小学陆续建成，先后帮助 30 多万个孩子实现了"读书梦"。

到目前为止，我已经捐建了 7 所希望小学，我的客户和平安集团是我慈善活动最大的支持者。未来，我将继续在公益的道路上前行，希望有生之年可以援建 100 所平安希望小学。

认知职业尊严和价值感

> "你比上帝还伟大，上帝只能给家人以心灵安慰，你却能让他们未来生活无虞。"

我钟情于保险行业，并不仅仅因为保险是一份工作，而是因为在中国，人们的保险意识还很淡薄，我不想看见未来的 1 年、5 年、10 年里，朋友圈还转发着各种救孩子、救丈夫、救母亲、救同学的捐款信息……

我只想通过自己每天的努力宣传，让更多的人未雨绸缪，将意外与疾病造成的经济损失"转嫁"给保险公司，让每一个家庭都可以拥抱幸福和安康。

从 20 年前进入平安保险的第一天起，我就把保险当成慈善事业来做。一路走来，我见过太多年轻时靠血汗打拼功成名就，但晚年却因为各种情况而经济困窘、身患重病、老无所依的例子。其实，在生命和健康面前，一切都是浮云。

我始终认为保险事业是一份慈善事业，我在做一件很有价值的工作。这并不是我如今才有的认识，在 20 年前，我就意识到了。

我一直对自己的员工说："你们多拜访一个客户，多卖出一份保单，就可以多帮到一个人。如果你觉得现在经济条件不够好，没有能力捐款捐物，那你就多卖保单，这是世界上最大的慈善之举。"

这种境界的提升会让代理人的自我认知升华，也让他们工作起来更有动力。

但我知道，即使我再努力，仅凭我一个人的力量能够做的事情也是非常有限的。全国有 700 万代理人，每一位代理人多卖出一份保单，就会给整个社会增加大量的保障，这就是一种莫大的慈善。

记得我刚进入保险行业时，一位非常资深的主管这样分享：我希望听到更多的是大家送出多少保障、多少保额，而不是签了多少保单、收了多少保费。两者看似没有区别，但却有本质上的不同，在一定程度上，它可以折射出一个人内心对自我价值的定位。

保险业是充满大爱、人人为我、我为人人的行业。我个人认为，保险代理人选择从事这项工作的出发点可能各不相同，但我们所送出去的保障，对社会、对国家、对各个保户所起的作用，是和公益事业一样伟大的。在关键时刻，能够让客户的 10 元变成 1 万元的，只有保险。

近几年，我国商业健康险的年均增速达到 25%，不仅高于国民经济的增速，也高于整个保险业的增速。这直接说明了国人保险意识的提高。代理人所送出的善意，终究能够被世人理解。

就像我一直追随的世界寿险第一人——梅第先生，他已经 97 岁高龄，这份事业他坚持了 60 多年。当他给不幸身亡的顾客的家人送理赔支票时，正在举行追思会的牧师对他说："你比上帝还伟大，上帝只能给家人以心灵安慰，你却能让他们未来生活无虞。"

如果我们正确地理解保险这份事业，就能让自己重拾这个职业本身的尊严和价值感。我们所做出的每一笔理赔，都可以让客户的家庭得到保障，因此，我们理应获得尊严。

我在2009年和2016年两次成为平安高峰会会长，是平安代理人体系里收入最高的人，我要做的最重要的事情，就是为这个行业找回尊严。

在现实社会中，代理人收入的持续提升是我们提高社会地位的基础。我曾经连续两年担任MDRT中国区主席，在任职期间，我提出了自己的一个梦想——让中国成为全世界MDRT会员最多的国家。

不为别的，就为了当时的300万保险代理人。我们的社会地位不够高，原因是高产能的代理人实在太少——在几百万代理人里，仅有几千名MDRT会员，大部分代理人的收入还处于社会的中下阶层。我相信，如果大部分代理人都成为MDRT，收入丰厚，内心强大，境界高远，就一定不会再被人轻视。

因此，我经常对采访我的记者说："你少写我，多写一些这个行业，多写一些业内的其他人，保险从业人员都是最值得敬佩的人。"

我在MDRT中国区任职时，一直致力于建设MDRT的推广系统，我希望在我离任之后，任何一位主席都能把这套系统延续下去。我的努力，也造就了中国保险代理人在2017年MDRT年会上创造的盛世。

2017年的平安人寿高峰会持续了一个月，会议以一场直播拉开序幕，我有幸参加了这场直播。

第9章 重新定义职业尊严：保险是最大的慈善

在直播现场，丁当董事长说道："即使收入提高了，客户经营得很好，代理人还是会离开的。为什么呢？因为他们觉得这份职业缺少尊严，这也是我们这个业务队伍的一个痛点。"

在我当选高峰会会长的加冕礼上，马明哲先生再次提起了这个话题，他一直关心平安这支110万人的代理人队伍，他关心我们的收入，以及我们应有的尊严。

平安综合金融的发展给了我们职业尊严，平安综合金融真正让我们成为客户心中有价值的人，这也让我们收获了尊严。

从一名刚入行的保险新人，到如今客户信赖的"保险专家、金融顾问、生活助手"，在自身专业能力不断提升的同时，我们帮助客户解决了生活中的一个个烦恼，我们作为保险代理人的价值开始渐渐被大众普遍认识和接受，专业能力赋予我们的尊严认可与社会地位也得到了稳步提升。

慈善是解决这个痛点的方法之一，通过几年来所做的慈善事业，我觉得自己无论是从个人情操还是社会地位上，都得到了很大的提升，与多年前不可同日而语。

我与客户谈保险时，捐建7所希望小学这件事总会被提起——厦门有很多比我更乐于付出的慈善家，我想我之所以能被人记住，可能是因为人们会诧异于一位保险代理人竟然能做出这样的善举。

中国的慈善业是容易被误解的，保险代理人这个行业则更甚，误解从来没有消除过。

平安是一家强调社会慈善的企业，已经捐建了114所希望小学，在这种氛围之下，我的所作所为只不过是一位保险人应该做的事情，慈善事业已经成为我工作的动力。

　　高收入带给我们尊严，帮客户获利带给我们尊严，公益事业带给我们尊严。一个人活得有尊严，不在于你从事怎样的职业，而是你能尽己所能为他人做些什么。

保险是先进的社会制度:"自助"与"他助"

> 在现代社会中,人类整体上面临着生老病死残各种风险,保险制度是"唯一"的科学解决办法。我们除了保险制度,暂时找不到第二种办法解决这个问题。

保险制度是以大数法则为基础来应对人类所面临风险的一种制度安排,这种制度安排能够让人们获得心灵上的祥和与安宁。

在现代社会中,人类群体时刻面临着生老病死残各种风险,保险制度是一种科学的解决办法。除此之外,暂时找不到第二种办法解决这个问题。

就像我做过的捐赠一样,每个人都可能会碰到这样的事情:一个人患了重大疾病,花50万元医疗费就能把疾病治好,于是单位组织大家募捐。募捐这种做法是我们爱心的体现,但它并不是一种制度安排,而且会带来很多副作用。

想象这样一个现实,如果你某个要好的朋友或亲人患了重病,急需100万元救命,而在周围的亲朋中,只有你手头有这笔钱,虽然这是你多年的积蓄,但面对亲人或朋友的生命需求,我相信很多人会选择献出部分或全部积蓄,这其实也是一种财产的损失。

现代人身处各种亲情和友情的关系网络,身边人的利益与自己息息相关，他们的意外同样会造成我们的财产损失。所以，只有完善的保险制度才可以规避这样的风险和损失。

除了自己要买保险，还要给身边的人买保险，才不会造成自己的财产损失，对这一点的理解非常重要。

保险之所以在市场经济最发达的国家存在并发展了几百年，正是因为有理论基础和现实基础作为依托。

"慈善与保险是最完美的结合"，这是我在前几年提出来的一个观点，我并没有刻意去提炼这个观点，它是我经历了2013年那几次捐助以后的切身感受。

追求利润最大化的商业保险和公益性质的慈善机构，这两种经营目标和运作方式完全不同的事业能结合在一起做吗？看上去似乎很难，但只要找到契合点，两者就能够完美结合。

其实，在每一次的爱心活动中，我们都可以体会到：捐助的力量是有限的，人最伟大的力量在于自救，我们要让越来越多富有爱心的人士知道，在捐款的同时要了解保险的功用。最大的慈善应该是教会他人自救，而不仅仅是在他人有难的时候提供经济援助。

2013年的三次募捐，我一共募集了一百多万元，救助了三个孩子。之后我开始思考："我为什么不能更多地借用保险的力量呢？"

就在那一年，我找到了1 000个贫困家庭的孩子，给他们每个人购买了一份10万元保额的住院医疗保险，这就是我曾在妈妈群里提到的那个险种。

花10万元，就能为1 000个孩子送去价值1亿元的保障，谁能说保险不是这世界上最大的慈善？

很多保险公司曾经发起保险捐赠活动，但代理人自己捐赠保险，我应该是第一例。由于很多人没有保险保障的意识，实际上，保险捐赠在一定程度上扩大了保障的范围，能使更多的人受益。

给弱势群体捐赠适当的保险，既可缓解捐赠人的现金压力，又可为受赠人长期保值并增值，这是一件让捐助方和受助方都获益的事情。在当下的中国，保险是既可以惠及自己，也可以惠赠他人的一大福利。

由于保险具有低投入、高回报的特性，它已不仅仅是富人才能做到的事情，更多经济能力有限的好心人同样可以实施捐助。这无疑会让慈善观念更加深入人心，形成"人人慈善，人人行动"的风气，并推动中国慈善事业的快速发展。

我向这1 000个孩子捐赠保险的时候，主办方还举办了一个很隆重的捐赠仪式，但我没有参加，因为我不想让这件事情被媒体过多报道。

保险本身就是一个"大家帮助大家"的互助机制，这与慈善事业"扶弱济贫"的理念非常契合。所以，只要找到这个契合点，由保险公司设计出合适的产品，便能参与慈善事业，通过保险的互助机制，达到解决社会问题的目的。在呼唤爱心的同时发挥保险的补充作用，将对构建和谐社会起到非常积极的作用，也为保险事业的整体发展开辟了一条新的道路。

因此，代理人在寻求自身发展壮大的同时，不妨把眼界放得更宽一些，心胸放得更大一些，不要只顾眼前利益，而要认真研究公司的产品，想想自己究竟能为这个社会做些什么。比如，怎样把合适的产品送到需要的人手里，怎样通过保险机制让更多的人了解保险，让更多需要保险的人从中受益。

保险业作为一种先进的社会制度，以"四两拨千斤"的独特功效，成为社会平衡稳定的砝码，也弥补和放大了慈善的价值。由此而言，慈善和保险不但体现了功能上的一致性，更在追求"天下大同"的理想上殊途同归。

2013年7月14日下午，在CMF 8 000人的主会场，我发表了一场名为"慈善与保险的完美结合"的演讲。在演讲中，我说道：我一直认为两个寒冷的人靠在一起就会温暖，两个微温的人靠在一起就不惧怕寒冷，慈善和保险就是这样的两个"人"，有慈善的"他助"和保险的"自助"相依靠，每一个冬天都能感受到春的温暖。

第 10 章

复制团队：叶云燕的方法论

我对中国的保险业充满信心，我经常会讲一句话：保险业是一头怪兽，经济行情不好的时候，很多人不敢乱投资，我们保险业就火了，因为保险业的投资本来就是保本保息的；当经济环境好的时候，大家手里有钱了，保险行业又火了，因为这个行业不分淡季旺季，只要代理人努力，一年四季都是旺季。

品牌优势：让自己成为团队学习的平台

> 代理人如果没有应有的使命和对行业负责任的态度，一定什么事都做不好。只有拥有足够强大的意愿和基本功，并且有恰当的方法和工具时，才会有好业绩。

从早上8点半开始，厦门国泰大厦5层就一片喧嚣，这一整层楼都是阳光明欣团队的办公场所，除了阳光明欣本部，这里还有我育成的12个部，一共有1 000多名代理人。

现在是早会时间，虽然每扇门都紧闭着，但口号声、欢呼声和音响里的舞曲声混杂着从门后面传出来。

我们的早会每天准时举行，风雨无阻，共由三部分组成：主管早早会，二次早会，大早会。这是保险公司常见的培训方式，在所有保险公司都是非常重要的一个环节。

明欣部成立于2006年1月1日，我并不是因为没有个人业绩而走上组织管理之路的，恰恰相反，在之前的2005年，我已经取得了平安人寿业绩前三、福建省第一的成绩。

我们刚刚成部的时候，团队成员共有65人，只有一半的人能正常出勤，团队也遇到很多问题。一段时间下来，我感觉很累，甚至想过放弃。

这几乎是我当时遭遇的最大难题，远远超过我个人展业时所承受的压力。但我相信，一个强有力的领导者对于创造一个高效的销售团队来说是非常重要的，我相信自己能够激发成员的意愿，即便我知道，有些人在事业上根本没有野心。

我要求自己的团队成员充满活力，每天必须正面积极地工作和生活。一旦有消极因素出现，我就要及时察觉，再通过早会引导、制度规范和言传身教来帮他们。

作为团队的主心骨，我每天把大部分时间都花在团队成员身上，给他们做引导沟通，尽最大努力帮助他们开展工作。在这个过程中，我学会了管理自己的情绪和时间，时刻笑对员工，满怀激情，永不言弃，用饱满的工作热情感染我们的队伍。

保险公司激励性的方式有很多，每天的职场训练都要做这种培训，可是我们有没有想过一个问题？当很多新代理人走进来的时候，经常会被我们的企业文化感动得热泪盈眶，最后为什么还是离开了？

我有足够多的技巧传授给组员，但他们对技巧的迫切需求，往往出于对环境的无奈，我们无法改变周围的环境和客户的想法，怎么办？想办法。不管什么办法，只要能把保单卖出去就是好办法。实际上，这是一种无奈的选择。如果没有代理人应有的使命，没有对行业负责任的态度，那一定什么事情也做不好。

当代理人有了意愿和足够的基本功，并且有恰当的方法和工具时，才能产生业绩。如果只教会他们如何推销保险、如何与客户沟通的方法，而代理人自己并没有意愿，他仍然不可能取得成功，这个团队也不可能成功。

我们要求团队中的每个人都承诺自己可以产生创造力，但我无法保证这个承诺源自他们内心深处对成功的渴望。

因此，想要创造业绩，一定要先让团队成员的意愿发生变化。我以创业当老板的心态来组建并管理明欣团队，这是个比较直白的说法，同时，我也希望每个人都能够成为老板。我们的组员经常说，我们的团队流着冠军的血液，这对我而言，意味着更大的责任。明欣要把团队里每个人都打造成白领阶层、中产阶级。在这里，大家所有的初衷以及努力的方向，都是为了把每个人的事业做好、做大。而当每个人都获得成功时，明欣不就是一支冠军团队了吗？

我单独做业务的时候，可能会因为心情不好或身体不适而暂停工作，但做经理甚至做总监就不一样了。

营销是感性知识，而管理是理性知识。我每天和主管一起根据代理人的工作信息、客户信息进行分析，然后帮助他们区分ABC类客户，明确究竟哪些是潜在客户、哪些是难以开发的，以及哪些是了解一下信息就可以的，然后指导代理人进行第二次拜访。

自己创业当老板的心态也让我明白管理的核心是授权，而不是仅仅依靠个人的力量。这几年，我最大的成就就是让每个人各尽其职。我们做得最了不起的一件事情，就是功能组的建设。

为了更好地管理团队，我们明欣本部成立了八大功能组，分别是：营销企划部、人力资源部、营销培训部、营销管理部、绩效管理部、综拓开拓部、工会、市场运营部，各部门分别负责早会及活动、增员、训练、行政支持、钻石俱乐部、E化①、员工福利和主顾开拓。

每个部门都由主管担任部长，团队有这八大部长分工管理着，现在无论是早会、活动还是训练，整个过程都无须我亲自监管。以前，我要亲自教他们做每个步骤，如今他们已经学成，每个部门都能够独当一面。

现在，我的团队发展得很好，这让我的业绩提升了很多。

一个不会学习的团队是没有生命力的团队，我发现有些主管由于文化底蕴不够，跟不上团队发展，因此便创造各种机会提升自己的综合素质，比如CMF、"保险名人堂"、"鼎翊论坛"都是明欣部重要的学习平台。

我带他们去参加公司的表彰活动，会特意定做统一的荣誉会服，一定要充分展示与众不同的精神面貌。

2016年3月，我带着主管到上海参加了"保险名人堂'3W'教练班"为期两天的学习。课程结束之后，我告诉他们，只有学以致用，才能取得实实在在的进步，我希望他们更加注重做事情的过程，注重执行力，让自己更加专业。

现在，不断学习已经成为我们团队的自觉行为，每个人都能感

---

① 平安E化功能的前身，是诞生于2000年的平安保险e行销网。发展至今，已经形成了售前、售中和售后的各种App（应用软件），成为连接代理人和客户的快捷工具。E化组的重要任务，就是为代理人App工具中新增功能进行全面介绍，普及代理人对新功能的认识及使用。E化已成为平安金融帝国发展的重要战略。马明哲称其为平安集团连接客户的"任意门"。

觉到自己加入这个团队之后得到了飞速的成长。

在明欣每一天的督导会上,我都会充当伙伴们的导师,我希望他们早日成长起来。我对他们讲,我就是他们的公共资源,我的工作秘诀对他们毫无保留,只要他们需要,我随时为他们服务。

持续增员：做到大而强

> 在我看来，推销商品是展业，推销工作是增员，一名优秀的代理人必须要坚持用两条腿走路。停止拜访就是停止呼吸，停止增员就是消灭生机。

电视剧《三生三世十里桃花》热播的时候，我的一位主管在午饭时间写了一则招聘广告：

欢迎各位仙友踊跃加入，三生三世，人海茫茫！把握当下，共享阳光！

位列仙班后的待遇：小仙1 600元（及以上）提成，晋升为上仙3 400元（及以上）提成，晋升为上神5 100元（及以上）提成，晋升为四海八荒的帝君月薪可达8万元以上，若有抗衡东皇钟之神力，还可以晋升为储君……

等到《人民的名义》热播的时候，我的朋友圈里又出现了另一则招聘广告——创业的名义。

我的团队成员很善于把握当下的热点，比如王健林先生刚说要实现一个小目标，我的伙伴们便马上把它结合起来用在我们的广告中，为自己团队创造增员机会。

保险业给代理人提供的发展道路有两条，一是做组织发展，二是做个人业务。很多代理人只注重自身展业技能的提高，往往忽视了走组织发展路线的重要性。结果，自己成了一名业务高手，却没有成为一名出色的管理者。

在我看来，推销商品是展业，推销工作是增员，一名优秀的代理人必须要坚持用两条腿走路。我说过，停止拜访就是停止呼吸，停止增员就是消灭生机。连我都还在做组织发展，你为什么不做呢？

明欣团队从成立之初的65人，发展到现在的1 000人，根源之一便是增加合适的业务员。

在日常工作中，我经常把这四句话挂在嘴边："您买过保险吗？""您的亲戚朋友买过保险吗？""您要不要跟我一起做保险业务呢？""您会想到介绍您的亲戚朋友来做保险吗？"

看上去最简单不过的四句话，却可以增加代理人的客户与业绩，也可以增加优质的准增员对象，业绩与增员二者兼顾。

在同一天时间里，我可能会在早上面谈四个增预案对象，下午又面谈三位增预案对象，我的增员就像展业一样，从来没有停歇过。

我为什么能够送训那么多？很简单，因为我的增员助理在不停地打电话，而有些代理人却连助理都不愿请，我想这应该就是格局的差别吧。

我为助理准备了增员话术，打印在A4纸上，让他们打电话的时候拿在手里参考。在话术上，我和其他经理、主管并没有太大差异，能否增员成功，其实取决于电话之后的面谈。

在外界看来，我们打了很多"骚扰电话"，但对于我而言，我热爱保险行业，因为这个行业的"基本法"是公开公平的，可以让很多一穷二白、平凡普通的人变得卓越，这是保险行业的伟大之处，我希望能够让更多人知道。

寿险销售之所以被称为事业，就是因为这个行业里的人可以拥有并经营自己的团队，成为一名真正的管理者。只有发展团队才能使自己取得突破，获得业务和管理能力的提升，寿险事业才能越做越大，也越做越轻松。

我擅长激励组员。十几年前，我做过一场题为"我一定要做主任"的演讲，鼓励组员做增员。当时明欣团队尚未成立，我只是个主任，但我告诉前来听课的代理人：对于一名普通的业务员来说，保险只是一个谋生的行业；成为一名绩优业务员，是流自己的汗，吃自己的饭；只有成为一名优秀的主任，才能做大做强，成就自己的事业。

根据保险公司的"基本法"，增员的好处毋庸赘述，只需要提出这个问题就可以了：每个月多签一万元保费容易还是增员一个人容易？答案当然是增员一个人更容易一些。如果我们研究公司的"基本法"，就会发现这两件事的收益其实是一样的。

我经常告诉我的组员们，即便你今天只是一个主管，整个团队的人也会尊敬你。

对阳光明欣的团队而言，现在增员有一个巨大的优势，就是我的个人品牌。但潘亮总经理曾经对我说："你的品牌优势利用得不够。"这句话我记住了，从2017年开始，无论多辛苦，我每个月都要亲自开展两场创业论坛，用自己的影响力去吸引更多的人才加入。

现在我们发挥明欣品牌优势的渠道更多了。2017年，明欣的区歌《闪亮的明欣》已经可以在全国各家KTV点唱。从1月开始，我要求各个组大力邀请增员对象去KTV唱歌，这首歌唱完以后，我们就开始进行小型的创说会。

这是一种符合时代需求的增员模式，初期的保险代理人增员市场面对的是大量接近中年的国企下岗职工，而现在我们面对的则更多是年轻人、扩招后的大学生、自由职业者和个体工商户。

我对组员的从业经历有一定的要求，一般要在25岁以上，有一定的社会关系，年轻人的主要工作还是主顾开拓以及每周固定两次的产说会。现在我很为自己的弟子们自豪，他们有前主持人、工程师、同声传译……这是一个年轻而富有希望的群体。

既然想增员，每天就要持续地在这条路上前进几步。增员和拜访客户一样，不一定会立刻见到成效，但我相信量的积累一定会带来质的飞跃。

有人担心如今的互联网时代会让保险代理人更容易下岗，我认为，车险在未来也许会被互联网替代，但人寿保险不会。对于保险产品而言，用户不一定迫切需要购买，所以在落地推动阶段仍然需要代理人来执行；寿险是复杂而专业的项目，要有个性化的设计，需要有专业的代理人进行专业指导，才能做到投保到位。

我坚信，高科技无法取代我们的思维，无法取代我们和客户之间的情感交往。

但我们也会关注互联网保险的发展，现在的互联网保险创业项目，更多的是代理人工具这个方向。我们的群体确实存在较多的痛点，比如佣金、产品导向、客户服务等，如果通过互联网技术使得保险代理人有一个很好的展业工具，就可以提高产品知识学习的效率，从而将更多时间用在与客户沟通和服务客户上。

也正是因为有了保险业在互联网时代的发展，这个行业更适合年轻的代理人加入，因为他们是互联网的一代，具有天生的互联网基因。

所以增员要有广度和深度，真正打造年轻化、专业化、系统化的团队，要和后续的培训紧密相连，而平安则为我们提供了这套完整的培训体系。

如果有人说保险业为了增员不择手段，那他一定不了解真正的保险人。保险一定要由优秀的人来做，起码他的心理素质是优异而健康的。我不希望道德水准和心理素质差的人来做保险，因为他们会给行业带来伤害。

个人的成功不叫成功，团队的成功才是真正的成功。我的小目标是，明欣团队在未来 10 年里，能够实现百人经理、千人主管、万人团队。

平民式高端客户开发模式

> 我找到了属于自己的高端客户开拓方法,将其定位为平民式的高端客户开发。既然是"平民式"的,那么,这就是一套可以复制的方法。

早会刚刚结束,黄二美这位明欣六部经理正在办公桌后面发呆——她身体有些不舒服。其实,她原本是一个不怎么爱讲话的人,但2001年加入平安之后,她被我改变了。

2008年,我刚生下儿子不久,黄二美到我的家中探望,我问她:"你能不能带出一个家庭主妇部门?"

这个目标几乎是为黄二美量身定做的,她就是一个标准的家庭主妇,不注重打扮、沉默寡言,但我觉得她如果把自己的这种特质发挥好,也会成为一位高手。

没想到,她回去之后就开始准备。后来听她说,她做的最重要的一件事情,就是把我平常培训的资料一点点收集起来,放在自家壁柜里。

"等我哪一天成功的时候,我要拿来用。"黄二美说。

2012年,黄二美带领15位组员做到了厦寿高峰营业小组,并在2015年7月1日正式组建了自己的明欣六部,成为部经理。黄二美终于可以把自己收集的资料拿出来了。我在日常管理中，也会经常教她们一些服务客户的细节，包括话术、个人形象，甚至打招呼的方式。

"你要教得很仔细。"黄二美有一次对我说，"不然我们怎么活过来。"

明欣团队现在的12位经理比我当年幸福多了，我刚加入公司的时候想学但没人教，我只有不断尝试新的方法。2005年，我是一位主管，带领10位组员，持续攻克高端客户市场。第二年明欣团队成立后，成员增加到65人，我把70%的时间放在团队成员身上。

但我始终没有忘记自己身为寿险人的本分，那就是签单，给更多的客户送去平安和保障。在我看来，一个人要想把业绩做好，无非有两个重要参考指标：签单量和件均保费。

如果我无法做到惊人的签单量，那么就只能从件均保费上发力。我要将自己的"第一"持续保持下去，这既是我个人的荣耀，也是团队的荣耀。

个人业务做得好，既可激励自己、提升收入，也可以时刻帮助自己了解和把握市场的变化，拥有丰富的实战经验；同时能为团队树立榜样，具有更强的说服力，助推团队业绩的提升，带动团队良性发展。

在我做组织发展的十几年里，我可以坚持每天早上六点半起床，用12个小时来做团队管理及组织发展；晚上八点结识三位新朋友；晚上九点给客户送去礼物，并面谈保险计划。

当人们问起我是如何成为一个个人业绩和团队管理两不误的

"奇葩"时，我的回答是：白天团队管理，晚上和周末个人展业。有时候我都有点佩服自己，一天竟能做这么多事。

正是在这种高强度的工作之下，我找到了属于自己的高端客户开拓方法，并将其定位为平民式的高端客户开发。既然是"平民式"的，那么，这就是一套可以复制的方法。

我出身农村，没有背景，没有资源，保险又是世界上最难销售的产品。我能把它销售出去，是因为我有做人做事的准则，有技能技巧，有专业技术和真诚善良的为人，这些做到了，我就可以完成全世界最难的销售工作。我相信我的组员会做得更好。

我现在的组员，每个人各具特色，但相同的是，每一位都对寿险营销这个行业信心满满，这是我言传身教的结果，尤其是我亲自带出来的第一批经理。

起初，这些经理都没有上台演讲的能力。我把PPT做完，便一页一页地教他们，应该怎么讲、配什么样的文字，甚至配合什么样的手势。

曾经有位经理，她上台演讲时说的每句话，以及配合的每个动作，几乎就是另一个我。

当然，我的"教学"之路并不顺利，因为每个人都有自己的价值观。

以前我在台上将自己辛辛苦苦十几年摸索出来的经验毫无保留地讲出来，也认为自己的东西很有价值，但业务员却不执行。甚至有些组员直截了当地告诉我：我跟你不一样，我的追求与你的想法是不一样的。

我多年的工作业绩和取得的成就已经证明了这些方法是行之有效的。我身边很多人跟我学了一些方法，也都取得了成功，甚至有些高手也在学习我的方法。

　　现在我再讲课，已经不再指望每个人都能接受我的观点，只要有一部分有心人能认同并接受，就可以了。

　　我对于员工的管理也进入了不同的阶段。我刚开始做经理的时候，极为辛苦却不见效果，那时的我甚至无法理解某些员工的所作所为；后来我学习了九型人格的课程，慢慢认识到每个人都有优点和可爱之处，管理也变得很轻松了。

　　如今，我不会再把自己的思想强加于别人，更不会用自己的标准要求别人，我因此变得轻松了很多。

　　作为门徒众多的导师，我需要抽时间来增员，带领新人入门，为"老人"充电，让团队充满活力。显然，这几个角色我都完成得很好，阳光明欣团队已经连续11年成为平安人寿厦门分公司的冠军团队，如今的明欣部已经是平安人寿厦门最大的营业部，也是人均收入最高的部门。如果要探寻原因，我相信是因为我尊重团队里每个人的价值。

　　保险代理人一直被称为寿险的名片，在这个行业里，最应该被尊重的就是每个人独一无二的价值。寿险行业是最先体验信任经济的行业，也是最先把个人品牌平民化的行业。

　　在成为一名代理人之后，个人能力可以得到最大限度的释放，每个人都有了依靠自己的个人品牌生存的机会。我完整地走过了这段历程，因此，我会认真地观察每一个组员的特征，帮助他们提高展业能力，进而塑造每个人的个人品牌。

我极力推荐我的组员加入他们的地方商会，也利用各种关系帮助他们。当有严谨的商会来做背景调查时，我一定会好话说尽，把组员放到一个更有价值的位置。我本就是一个期待看到别人成功的人，对自己的组员更是如此。

我希望我的明欣团队从整体上看时是一支冠军团队，团队文化要充满荣誉感、自豪感和正义感；拆开来看时，每个人都是寿险营销的英雄，是高素质的平安人、有价值的经理人。

代理人要具有互联网思维

> 可能我有些操之过急，因为我本来就是个性格很急的人，有时候我会忘记自己也用了7年时间，才有资格参加平安高峰会。

每天的明欣本部早会中，我都会在"有请我们的女神……"这个开场白之后走上讲台。

我知道，不仅在明欣区的代理人眼里，即便是在全国寿险营销领域，也有太多的人把我叫作"女神"。但这同时带来了一个问题：因为业绩差距太大，很多组员觉得与我不在一个层面上；我的客户大都卓尔不群，这让组员变得有些不自信，甚至从一开始就怀疑我讲授的方法在他们身上是否奏效。

连潘亮总经理都说，我们现在不太愿意举叶云燕的例子了，如果说一年赚七八十万元，增员还比较容易，而如果说一个月赚450万元，那得什么样的人才愿意来？

于是，我向团队管理高手朱美音女士请教。在很长一段时间里，朱美音女士的团队里没有高手，她自己本人也不是，但她想培养人，于是便让业务员们来听我和曹纪平先生的课。

她最初遇到的问题和我一样：代理人听课时心潮澎湃，羡慕不已,但具体执行起来却没有信心,觉得自己学不会。

当时朱美音女士说:"不行我就自己来吧。"她先学了一招儿,就是我在做高端客户保单时常用到的"核保前置"。在她看来,这一招儿用起来比较容易,无非就是发发微信、发发朋友圈,邀约客户体检,再利用体检结果促成保单。结果她第一单就成功了,签下了年缴保费70万元的"平安福"。接着,她开始在自己的团队里分享这种方法,到这个时候,才开始有人慢慢尝试,她所在部门的高额保单也逐渐多了起来。

整个核保前置的行销手法我都教过我的组员,但朱美音女士对我说:"组员不做是因为觉得你太厉害了,他们会认为你能做,但他们做不到。我们部门的业务员听你的课也有这种想法,他们会很崇拜你,可是仍然觉得自己不行。"

为什么朱美音女士教起她的组员来就能取得效果呢?她告诉我,尽管最近3年来她的业绩猛增,并在2015年成为MDRT的TOT(顶尖会员)——6倍于会员佣金标准,是MDRT里的顶尖会员。但在此之前,她的年最高保额从来没有超过100万元。因此,组员面对她的成功时会觉得,既然你能做到,那我也能做到。

她给我出主意:"让年轻人去比拼吧,如果有一些先知先觉的人模仿并成功了,就让他们再去分享。你签单没人着急,反正你就是厉害,但是身边的人签单了他们会着急,他们再去相互交流,业绩就提高了。"

课程持续了大概三个小时,关于销售技巧的话题并不多,后来我对她说:"后面给我们直播一堂'买对保额,买对保险'吧。"

她回答道:"我用的就是你的那些方法。"

我的很多组员是追随我而来的,现在的他们就像20年前的我一样,什么都没有。我希望他们通过我的精神、我的帮助,能获得成功。

我经常对组员们说:"你们只知道我现在的保单一缴就是一百万元、五百万元。但是翻开我的历史来看一下,或者问问我们的区长,我在十几年前做保单的时候,都是一千多元、六千多元、一万多元的。在我看来,这是每个代理人都要经历的成长阶段。"

我有时会想,要不要让年轻人吃一些苦头,就像我说苦难是我的资本一样,我为他们对接了太多的资源,他们甚至都有了养尊处优的感觉。从关爱他们的角度出发,我当然不希望他们再品尝我当年的艰辛,但在人们的保险意识大幅度提升之前,寿险营销还应该是一个低到泥土里的行业。

我越来越相信,能吃苦是一道门槛,用顺应潮流的话说,就是我们前面提到的"一万小时定律"。

我已经很了解80后、90后的员工了,他们的文化素质较高,思维活跃,视野开阔,但他们存在的问题也多:情绪化,缺乏对事业的拼劲儿。现在的业务伙伴每天拜访两三位客户就不错了。

我为这些年轻的业务员开出的药方是"梦想"。要让他们认识到,他们正在做的事情可以实现梦想。但光有梦想还不够,我也要给他们方法,让他们真正取得成功,他们才会把这件事当成事业来做。

可能我有些操之过急，这与我的性格有关，有时候我会忘记自己也用了7年时间才有资格参加平安高峰会。

朱美音女士对我的弟子说："你们的师傅出去讲讲课，钱轻轻松松就赚回来了，为什么她要免费给你们讲？"

我很感激她能说出这番话。

一位代理人，如果拜访量不够，悟性又不好，想在这个行业里撞大运是不可能的。现在的平安，只有两种人无法实现业绩：一种是太懒的人，另一种是太蠢的人。我不希望我的组员是其中任何一种，我希望他们每一个人都透着很强的拼劲儿。

2013年5月，平安人寿推出了"优才计划"，这是代理人行业的一次洗牌。公司的期望是招募一批具有经营意识和管理潜能的优秀人才，专项培养并帮助他们成长为能够跟上公司"科技引领个人综合金融"战略的综合金融个人客户经理、国际MDRT会员，以及擅经营、懂管理的专业团队管理者。

但我同样知道，找到"听话照做"的人是最快的签单路径。不过，作为在寿险行业摸爬滚打20年的代理人，我对塑造保险行业新形象有着强烈的期待，也很认可让高学历、高素质精英投身保险行业的人才模式。

在一支代理人团队中，并不是每个人都可以开拓高端市场，我们应该选一批骨干先做这件事，从而带动别人。

我之所以要带3位弟子找朱美音女士请教，是因为我认为他们是最适合做高端客户市场的人。朱女士看到他们的履历之后说："你们跑得慢了，应该更快一些，因为你们的素质高。"

现在，年轻人越来越多地奔向直播平台。我的一位弟子是凤凰网前主持人，她说要在网上做直播，我当然支持。我的另一位弟子，此前的职业是同声传译，我当然也要鼓励她做直播，她完全可以做一堂教别人学英语的直播。他们每个人都有自己的专长，学习别人的心态和处理问题的技巧固然重要，但最重要的还是利用自己的专长去做事。

一个正能量的叶云燕就能在互联网领域建立自己的品牌，而代理人们分别拥有实用的技能，是素质更高的人才，我相信她们会做得更好。

我并不是一个做惯了"第一"的人，我不会害怕徒弟们超越我，我反而希望他们能做得更好。一个人的成功并不难，难的是让许多人成功，更难的是让整个中国的寿险代理人都成功，提升中国民族保险业的地位。与这些目标比起来，个人取得第一就没有那么重要了。

现在，越来越多的90后踏进了职场，他们和80后有着截然不同的职场习惯，但我相信我依然有带领他们冲上业绩高峰的能力。

黄金时代已真正到来

> 为什么同样的事情有人做了一辈子也没有成为专家，仍然在入门级徘徊？后来我明白，他们普遍缺乏的是总结能力和创造可以被借鉴的体系的能力。

当有人问我是否崇拜原一平和乔·吉拉德这两位销售大师时，我沉默了一会儿，说道："天哪，我是不是太自恋了？"

我从这两位大师身上学到了很多，无论是销售技巧还是奋斗精神，但我并不崇拜他们，我的目标也很明确：我要跟他们一样，成为保险业新一代宗师式的人物。

我在很多场合公开讲过这个目标，它对我提出的要求是：个人无与伦比的能力、大而强的团队、为整个行业努力的决心，以及创新性的改变。

早在十几年前我就许下一个愿望，我一定要通过自己的努力，改变所有人对保险从业者的印象，所以我一直在做不一样的保险人。到了现在这个阶段，我更觉得支撑自己的是责任和使命，因为我代表的是这个行业。

当然，一代宗师的梦想肯定需要中国保险业给足我们成长的空间，需要一个需求旺盛的市场，以及人们对保险开放、认可的态度。

原一平成名于日本战后经济复苏时期，老龄化趋势日益严重和人口数量增长为日本的保险业带来了巨大的市场。在保险业久负盛名的梅第爷爷60多年前就开始从事保险行业，当时正是美国在世界保险业唱主角的时代。到了20世纪最后10年，我国香港和台湾保险业兴盛，因此才有了容永祺先生这样的泰斗。

我对中国的保险业充满信心，我经常会说：保险业是一头怪兽，经济形势不好的时候，很多人不敢乱投资，保险业就火了，因为保险业的投资本来就是保本保息的；当经济环境好的时候，大家手里有钱了，保险行业又火了，因为这个行业不分淡季旺季，只要代理人努力，一年四季都是旺季。

尤其在2014年保险业"新国十条"颁布之后，保险被写进中小学课本。如果从政策来看，"新国十条"针对保险的密度和深度都规定了重要的指标——截至2020年，保险深度要达到5%，保险密度要达到人均3 500元。

目前我国保险的密度和深度与世界发达国家的水平相去甚远，甚至还不如印度，即使达到了这两个指标，也仅相当于中等发达国家的保障水平。

国家现在已经采用各种政策来扶持保险业的发展，我相信未来的扶持力度会更大，这应该是一个趋势。保险行业接下来的几年应该是一段黄金时期，这是一个很好的趋势。

根据国家提出的数据，我做过一个测算。如果保险深度提高到5%，密度达到3 500元，每年的保费将会增加3倍。保险业的发展空间太大了，日本的投保率已达780%，而我们的目标仅为5%。

我们现在的保费收入占GDP（国内生产总值）收入不足3%，日本达到9.4%左右，韩国将近10%，OECD（经济合作与发展组织）国家都在10%左右。相比较而言，中国还有很大的差距，但是差距的本身也是未来发展的潜力与空间，也是保险业一代宗师诞生的土壤。21世纪，唯一没有被开发的保险金矿就是中国，这给了我梦想和机会。

在思考如何成为"一代宗师"的时候，我首先想到的是：为什么同样的事情有人做了一辈子也没有成为专家，在高手眼里仍属于新手或者入门级？

这个想法让我警醒，后来我明白，他们普遍缺乏的是总结能力和创造可以被借鉴的体系的能力。保险代理人绝对不要成为一个熟练的"操作工"，而是要成为一名"科学家"或者"教授"，因为我们面对的是人性——这个世界上最稳定的事物。

我是一个善于总结和提炼的人，这帮助我做了很多正确的事情。其实，高手做的事情可能并不是最多的，但一定是长进最快的。因为高手不仅仅是做完工作、完成任务，而是比大部分人多往前走了一小步：提炼任务和项目的规律性，不仅会做，还知道为什么要做、为什么要这样做，以及可以怎样做。

这些做事的方法可以被提炼成模板、模型、框架，甚至可以被做成相应的工具和产品。随着总结能力的提升，总结的结果就会成为我们下次做类似事情时的指导，也会成为我们带团队、教会别人的资料，这让我们每个人都有了被复制的可能。

有志向的代理人一定要学会从个性化的案例中提炼出共性的、可复制的体系，这是我们能留给团队和行业的财富。

我在CMF大会和飞往各地的讲座中，以及在明欣团队的早会上，所传递的都是可传承、可复制的理论体系。

我的诸多努力让整个寿险行业有了方向和技巧，我所带领的整个阳光明欣团队也在不断成长，我个人充满斗志——如果你看到一个人对她的事业有足够的智慧和巨大的热情，还能带动周围人一起向前迈进，那么请相信我们总有一天会取得更大的成功。

还记得我们几次提到的国泰大厦那间办公室吗？我已经带领明欣伙伴在2017年9月搬离了那里，我自己也做了大量的投入，为伙伴们打造了更好的办公环境。

新办公环境和之前大不相同，差别不仅在于更宽敞、更整洁，组员们的桌椅也都有了变化——我为MDRT会员、主管们准备了不同的桌椅，开早会的时候，优秀代理人和普通代理人将坐在不一样的位子上。

我有责任和使命去帮助更多的人取得成功，这是我们整个团队共同的目标，也是我未来付出更多努力要做的事情。

尾声
EPILOGUE

在刚刚过去的2017年第二季度里，明欣部有31位代理人晋升主管，这一数据刷新了平安人寿厦门分公司的历史纪录，我们可以将其看作这个行业的时代缩影。

现在，代理人这个群体也越来越多元化，在新晋升的31位主管里，有曾经的外企员工、会计、国企员工、卖场管理……

全社会保险意识的提升，是整个代理人群体数量和质量大幅度提升的大背景，而中国平安综合金融的快速发展，则让我们产生了对代理人独有的吸引力。当然，对此我也适当施加了个人影响力，我信守对潘亮总经理的承诺，每月两次主讲创说会，鼓励和说服更多人。

在代理人的新战场——微信朋友圈里，我依然是一位认真工作，同时注重生活品质的人。我刚刚总结了朋友圈个人品牌经营的三条定律：我很忙，但很好；我很强，且有用；我这个人很有趣。

我确实很忙，一个风和日丽的短暂周末都被我利用起来，组织尊贵客户的亲子游。我依然保持着自己的时间规划和工作节奏，在我成为代理人的第21年里，也没有丝毫变化，但我越来越多地体验到人生不一样的精彩。

我好像也很强，在参加胡润组织的创新与慈善活动时，有人对我说："你好厉害，台上四位都是你的好兄弟，其中还投了两家。"他夸奖我成了一名成功的天使投资人，但正如我在书中所写，我对自己的定位，始终是成为一名成功的保险代理人，在这个目标之外，对于加诸我身的任何赞誉，我想说："我真的好幸运，有你们的帮助和支持。"

你现在所拿到的这本书，是我20年代理人生涯的总结。这里有我的方法论，相信对每一位有志从事代理人事业的人都有帮助。但我还是要强调，这本书里，更有我的信仰和坚持，我理所当然地认为每一位代理人都应该用它来规范和修正自己——在一个存在非议的行业里，它存在的重要性，远不是任何方法论所能比拟的。

如果还有人从这本书里读出了一些忆苦思甜的味道，我会说恭喜你，因为我们确实已经穿越了代理人行业起步时期最艰苦的那个阶段。如今这个时代，对代理人而言，是甜的。

现在，我国保险代理人群体正以前所未有的增速超过700万人，在不久的将来，我们能预见这个群体将达到800万人，甚至1 000万人。

我始终坚信，我们这个群体越大，为社会带来的福利就越多。

但我也希望，无论是新加入这个行业的，还是在这个行业里坚持了多年的代理人，在关心我们收入的同时，更要关心我们的社会地位和行业尊严，这是我们700万代理人共同的事业。

对我个人而言，只有一个兴旺发展的、扶危济困的行业，才能真正诞生一位或者几位"一代宗师"。我的个人奋斗，永远是和这个行业紧密联系在一起的。

后记
POSTSCRIPT

我越来越钦佩保险代理人这个群体。

当我的朋友、中信出版社的编辑朱姝邀请我，和叶云燕共同完成这本书的写作时，我刚刚从自己短暂的第二次创业中抽身——这次创业显然是不成功的。在我职业生涯的头7年里，我一直从事记者行业，是一位产量颇高的商业记者，最熟悉的是互联网商业史；等到移动互联网大潮涌来的时候，我认为这是历史给予的机会，于是跳了进去，用4年时间支撑了两个并不成功的项目。

在我最需要学习和反思的时候，叶云燕这个样本恰好来到了面前，很坦诚地说，我对保险代理人有先入为主的印象，这一印象可能和大多数人相同。但经历了4年的创业，我越发觉得：光明正大的成功者，都是相似的。于是，发掘叶云燕的成长轨迹和价值，对现在的我来说，也是在寻找未来自身事业的解决方案。

见到叶云燕之前，我首先查阅了保险代理人发展的历史资料，好在年代不长，史料生动、数据翔实，我开始慢慢理解这个庞大的群体，并认可他们在我国保险业发展史上的贡献。我进而走访保险公司管理层、代理人同行，以及心理学者，试图发现一个真相：为什么是叶云燕？最终，我得到了一个近乎统一的答案：她是个保险天才。这个答案并不具备什么指导意义，但我依然把它写进了书里，权作一个自我衡量的标杆。

当我真正面对叶云燕的时候，才是学习的开始。我在厦门待了一段时间，每天早上去参加明欣团队的早会，和代理人们一起讨论节日促成的话术，听叶云燕每天在早会上的分享；叶云燕带我去见了她的很多客户和准客户，我多次见证了她签单的全过程；我参加了厦门市宁德商会的会议，参加了她的同学聚会、老乡会，见到了工作之外的叶云燕……

当然，我也目睹了她对助理和司机的严格要求，更亲见了她在深圳平安总部的意气风发。如果说这段时间有什么最难忘的印象，无疑是坐在叶云燕那辆商务车里，马不停蹄地赶路。

对于这本书的写作，叶云燕是绝对真诚的，我很受激励。其实后来我才慢慢体会到，她从来都是这样一个人。

如我所见，这本书里展示的是一个完全真实的叶云燕，只不过为了能够让人们快速地学习和复制，我们把这个"叶云燕"抽象化和工具化了。这本书不是心灵鸡汤，以我的心境和态度，对心灵鸡汤是完全拒绝的，我们总结了更多的目标和方法论。叶云燕在厦门指导了很多创业者，她跟我说："他们学去一两招儿，都觉得很好用。"

是的,叶云燕本身就是一个善于总结的人,她已经演练出了不仅仅适合保险销售的方法,而是放之四海皆准的法则,这些内容已经被我们完完整整地写在了书里,我们舍不得有任何遗漏。

对我而言,这本书的采访和写作过程是极其珍贵的,虽然只经历了短短的3个多月,但我所受到的教育和启发足以完善我接下来的人生。有这段经历,要感谢叶云燕的开放和坦诚,更要感谢朱姝——她看到了一个渴求改变、还能够写点文章的人,她也笃定叶云燕会给这个人带来新的观念。于是,我成了被朱姝选中,去"叶云燕大学"就读的那个人。

正如前面所说,以和叶云燕的接触为起点,我越来越钦佩保险代理人这个群体,我当然为一些优秀代理人的业绩所折服,但同样为依然在不屈地改变自己命运的中低收入代理人所震撼。

这个庞大群体正在发生变化,最重要的变化,来源于他们对自身社会地位和职业荣誉感的渴求,这是个善意和积极的信号。整个中国的保险市场也在发生变化,最大的变化莫过于全民保险意识的觉醒。至于互联网保险的兴起,只是这种觉醒之下的产物而已。

这样一个时代,无论是保险业的蓬勃发展,还是自主创业的如火如荼,眼下都是需要把叶云燕的方法论传授给更多人的最佳时机。我所思考的,正是完成这本书之后,自己能否合格毕业。如果我有幸从中学到一二,我觉得自己已经足够适应保险代理人这个行业了,甚至有种去一试身手的想法。

贺大卓

附录
APPENDIX

叶云燕高效服务笔记

1 互联网时代如何优化客户体验

服务的新趋势

3.0 时代：客户体验

⇑

2.0 时代：客户服务

⇑

1.0 时代：推荐产品

客户体验的 3 个体系

（1）满足客户期望

保单检视

每年体检

急难援助卡

节假日祝福

定期问候联络

设计合适的产品

精彩瞬间照片的留念

生日及各种纪念日的祝福

温暖的探视

随时待命的保全服务

热情周到的理赔服务

做客户有温度的朋友

（2）超出客户的期望

各类论坛

定期赠书

电影招待会

户外联谊会

做客户的红娘

为客户理财获利

每月一次游艇聚会

组织客户旅游观光

不定期的特别礼物

随叫随到的助理

解决客户生活上的难题

帮助客户解决融资问题

（3）让客户感动

为客户做企业培训

为客户做健康管理

精心准备的家宴

用客户名义做慈善

客户年会加码抽奖

利用朋友圈为客户做宣传

为客户公司产品出谋划策

为客户设计不一样的生日会

成为客户公司的股东

免费的保姆车服务

十年不变的父亲节和母亲节

分享自己所有的资源

2 寿险行销的境界

推销起步阶段

（1）心态准备

行销无捷径，访量定"钱"坤

（2）销售三部曲

整理名单：有没有地方去？

约访能力：去了没？

面谈能力：说得好不好？

（3）成功方法

获得承诺：每次都能让客户产生"想看计划书"的欲求

签投保书

保费预算

体检

预约下次见面的时间

行销服务阶段

（1）心态准备

关注客户的感受，让客户感受到关爱与责任

（2）金牌客户服务的原则

对客户表示热情、尊重、关注

提供个性化的服务

设身处地为客户着想

始终以客户为中心

帮助客户解决问题

迅速响应客户的需求

持续提供优质的服务

（3）服务标准体系

基本服务

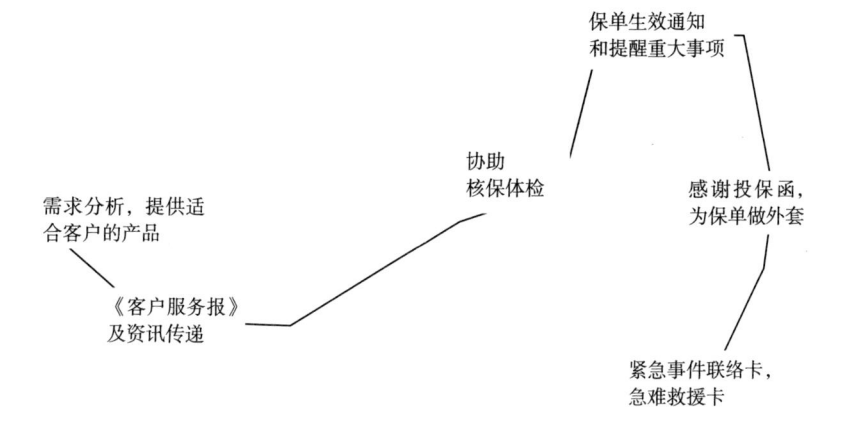

- 需求分析，提供适合客户的产品
- 《客户服务报》及资讯传递
- 协助核保体检
- 保单生效通知和提醒重大事项
- 感谢投保函，为保单做外套
- 紧急事件联络卡，急难救援卡

标准服务

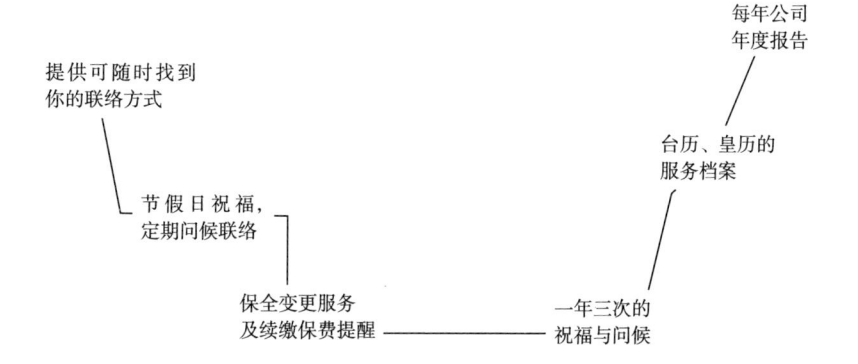

- 提供可随时找到你的联络方式
- 节假日祝福，定期问候联络
- 保全变更服务及续缴保费提醒
- 一年三次的祝福与问候
- 台历、皇历的服务档案
- 每年公司年度报告

给成交一个理由

满意服务

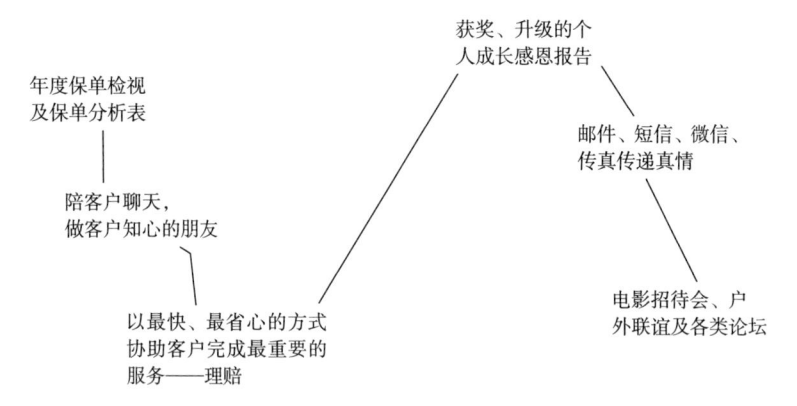

- 年度保单检视及保单分析表
- 陪客户聊天，做客户知心的朋友
- 以最快、最省心的方式协助客户完成最重要的服务——理赔
- 获奖、升级的个人成长感恩报告
- 邮件、短信、微信、传真传递真情
- 电影招待会、户外联谊及各类论坛

超值服务

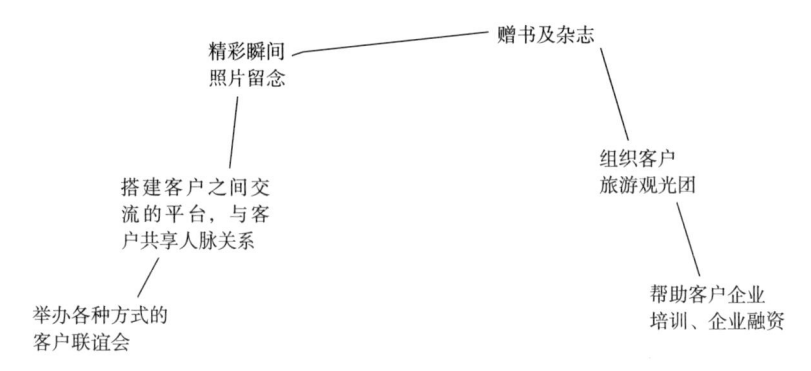

- 精彩瞬间照片留念
- 搭建客户之间交流的平台，与客户共享人脉关系
- 举办各种方式的客户联谊会
- 赠书及杂志
- 组织客户旅游观光团
- 帮助客户企业培训、企业融资

难忘服务

- 凡是客户需要的，都要不遗余力地去做
- 帮助客户解决各种生活上的难题，成为客户生活中不可缺少的顾问
- 不定期的特别礼物
- 做客户的红娘
- 帮助客户理财获利
- 以客户的名义做慈善

品牌建设阶段

（1）心态准备

在互动中让客户对我们、对保险有新的认识。我们对保险的理解上升至"远见者的生存智慧与人生哲学"

（2）线上推广

取一个好网名

① 符合自身特色、亲和力强、容易记忆

② 无论在什么地方注册，都要坚持使用完全相同的用户名

真实头像

① 尽量用自己的真实照片做头像，让客户记住你的长相

② 务必让你注册的每一项服务都使用同一张照片，加强个人品牌标识的重复冲击

个人资料要详细

① 个人资料填写详细，让别人明确知道能与你建立哪方面的联系

② 资料里不要放幼稚的问题、图形，特别是非主流的

（3）线下人际网络推广

投资个人形象：品质感的提升需要一个累积的过程

① 控制购买物品的数量，同一类商品只挑选一两件品质最优的

② 理性消费、反复比较，选择用多件物品的预算去购买一件精品

③ 关注奢侈品牌的资讯

④ 色彩搭配、服饰搭配的书籍和课堂

⑤ 提高艺术素养，看电影、画展、听音乐会、歌剧等

⑥ 多出入有品位的餐厅、咖啡厅、精品店、艺术品店等

个人客户答谢会

① 开客户答谢会的目的

深耕服务、拓展人脉、树立品牌、提高效率

② 客户答谢会的形式

酒会、采摘、旅游、沙龙、俱乐部

③ 客户答谢会的操作及要点

会前：人员的分工、物品的准备、邀约的细节、会场的布置

会中：氛围的营造、过程的衔接、音乐的配合、现场工作人员的配合、会场人员的把控

会后：客户分类回访，回访时携带的物品准备及细节的预演

不销而销阶段

（1）心态准备

客户会因为你这个人、你的事迹而主动找你买保险，我们所具备的内在修养、专业素质、人脉资源都能为客户创造更大的价值

（2）如何进行资源整合

人脉资源整合

商家资源整合

活动资源整合

学习资源整合

娱乐资源整合

慈善资源整合

3 "5条短信"经营陌生高端客户

我的短信适用于哪些高端客户

（1）转介绍的陌生高端客户

（2）从各单位收集的陌生高端客户名单

为什么选择用短信经营陌生高端客户

（1）高端客户对信息的常见反应

电话：经常被大量陌生电话骚扰，对此深恶痛绝，会直接拒接或态度很不友好

邮件：部分高端用户不常使用邮箱，即便使用，收到陌生邮件也会当作垃圾邮件直接删除

短信：不反感，甚至会愿意了解短信内容

（2）用短信经营的优势

不打扰客户

不占用客户时间

随时随地，批量经营

五条短信经营法

（1）第一条短信

时间：收到名单后的任意时间

内容：

刘总您好，冒昧与您联系，我是平安人寿叶云燕，很早就听朋友说起您的成功，希望有机会向您学习（放低姿态，拉近距离）。

这几天我在××中心培训，给您发短信是想下周同您约个时间拜访您（显示自己好学，试探性约访），祝您平安幸福！

平安叶云燕（每次短信必须署名，加深印象）

效果：客户很少回复

（2）第二条短信

时间：第一条短信发送后的2~3天

内容：

刘总您好，不好意思又打扰您了，很期待见到您，我想明天拜访您，您看是上午方便还是下午方便呢？

平安叶云燕

效果：部分客户会有回应

（3）第三条短信

时间：客户回应后的一周内

内容：

刘总您好，冒昧打扰，请多见谅！作为一名成功者，今天获得的财富和地位一定浸透了自己奋斗的汗水。财富没有真正的主人，只有经过打理才会真正属于自己和家族。保险产品特有的三大属性：企业破产不追偿、婚姻破裂不分割、财富传承，已引起富人关注！特别是今年，大批的富人开始大量购买保险产品（强调时间紧迫和趋势）。

这类产品具有安全性和灵活性，是真正的个人专属财产！希望能和您约 30~60 分钟详细交流！

叶云燕，国际认证财务顾问师、MDRT 顶尖会员

（再次突出自己的特点）

效果：部分客户约访成功或客户要求发产品邮件

（4）第四条短信

时间：客户要求发送产品邮件后

内容：

刘总您好，邮件已发送到您邮箱，内容极简单，形式很灵活，如果能见面，可根据您的实际情况而定，您看今天上午方便还是明天上午方便？（短信里提到投保要提供的证件，视情况而定）

效果：部分客户约访成功或有可能签单

（5）第五条短信

时间：客户了解产品后

内容：

刘总您好，我想就××产品再和您沟通一些观念。都说创业难守业更难，创业需要机遇和努力，守业更需要观念、习惯和文化。如何让我们辛苦打拼的财富安全地代代相传？都说一个家族培养出一个贵族，这是在考验我们现在的智慧，××产品就能帮助我们解决这个问题（简略介绍产品特点）。

1 000万元的房产不能给孩子一生富裕，1 000万元保险资产却能让财富代代相传。李嘉诚说过：别人都说我很富有，其实我最富有的是给家人购买了足够的人寿保险！（有时可加入名人说保险，视情况而定，再次促成客户购买）

效果：部分客户成功签单

注意事项：

每一条短信发过后，应再根据客户的反应进行短信互动或电话跟进。

短信仅仅是一种经营客户的方式，并不能代替整个销售流程。

短信应按照标准的流程、固定的频率，长期坚持发送。

根据客户及其自身特质，建立自己的短信系统，发送短信才会更有效。

4 经营中、高端客户的销售技巧

如何让高端客户有保险需求和保险观念

（1）要有正确的观念：满足客户需求为主

同样一个客户面对不同业务人员会有不同选择

做销售是我们在选择客户

销售就是问问题，问对问题就能做好销售

先沟通观念，后卖保险

（2）销售技巧：以问为主，以听代说

设定好话题，启发客户顺着你的思路思考，让客户自己说服自己

重要的是，我们要让客户形成正确的保险理念

（3）高端客户的保险需求

捍卫保全资产

抵御通货膨胀

企业应急金

传承下一代

要求高水准的专业服务

防止公司产权因合伙人的意外而受损，保证公司永续经营

避税避债

飞机等交通安全防范保障

生意纠纷所引发的风险

公益事业

高端客户与一般客户的推销差异

（1）接触并培养信任度的时间长

（2）先期投入成本高

（3）经营时间长

（4）建议书要特别精美

（5）接触中每一句话都要精心设计

（6）服务特别重要，有钱人会介绍有钱人

高端客户的问话技巧

（1）导入话题

经过这么多年的打拼，您创下了一片家业真的不容易，请教您，在这个行业做了多久？您早期是怎么创业的？

现代人谈论最多的是"看不起病、买不起房、读不起书"，请问您有什么看法？

请描述一下您心目中完美幸福的生活是什么样子的？

您现在日子过得这么好，为什么还要这么努力工作呢？

请您描述一下您5年后的生活是什么样子的？

您现在最担心的事情是什么？

您认为生活中会不会有突发事件?

您现在每个月收入6 000元,假如每个月少了1 000元,对您的生活会不会有重大影响呢?

心得分享:

不要试图说服客户,客户自己会说服自己,也只有客户自己才能说服他自己。

我们的工作就是了解客户在关注什么,站在他们的立场,感受他们所遇到的问题,并从他们的角度看待问题、解决问题。

(2)健康话题

您认为健康比较重要,还是金钱比较重要?

您想要把您的钱留给自己花,还是留给别人花呢?

您生活中有没有中长期规划呢?

您身边有没有亲戚朋友住院以后,生活品质不如从前的?您怎么看待这个问题?

您这一生最大的心愿是什么?

目前您最担心的事情是什么?

想要完成这个未了的心愿,您认为要具备什么条件?

结论:任何愿望都建立在健康基础之上,没有健康,任何事情和愿望都无从谈起。

(3)教育话题

您希望宝宝将来接受什么样的教育?具备何种学历?

您希望培养宝宝什么样的特长和爱好？

培养一个孩子到大学毕业，大约需要多少钱？

（4）养老理财话题

您现在的生活品质是不是高于同类人群生活水平？

您认为什么样的情况会影响您的生活品质？如果生活品质下降三个档次，您能不能接受？

每个人都要面临退休，您准备什么时候退休？您预期退休后每个月拿多少养老费比较理想？您现在有没有做好准备？

您认为您的孩子是您的资产还是负债？

您如何确保您的事业越来越发达呢？

请问您最大的资产是什么？

您如何保全您的资产？

销售感悟

（1）高端客户非常注重细节：做好小事情，征服大客户

（2）高端客户的价值

事业的基础

收入

晋升

快乐

朋友和支持

（3）送给大家一段话

与亿万富翁做保险，你就是千万富翁

与千万富翁做保险，你就是百万富翁

与百万富翁做保险，你就不能算富翁

与万元户做保险，你顶多是个万元收入的员工

与下岗的人做保险，你就只能成为下岗员工

5　高效服务是主顾开拓的根

主顾开拓的意义与心态

（1）主顾开拓的意义：客户是我们的根本，客户是最大的价值

取得邀约、见面的机会

"巧妇难为无米之炊"，没有准主顾就没有工作的对象，就无法产生工作的价值

准主顾是我们赖以生存并得以发展的根本

营销人员80%的收入来自主顾开拓

（2）主顾开拓的心态

积极主动

尊重他人

持之以恒

不计报酬

服务为我们带来发展及开拓的机会，而主顾开拓的根就是高效服务

10 种方法高效服务开拓客户

（1）用短信服务开拓客户

我每参加一场活动或者聚会之后第一件事，就是把收集的名单、名片交给秘书，秘书会马上把这些名字、电话录入电脑。

在我的平安行销系统里面，大概有上百份通讯录，每份通讯录最少的都有五十人，最多的一份通讯录里面有两千个客户。任何一个节假日，不管风吹雨打，我的这些客户百分之百都会收到我的短信。我一发出去就是上万条，每个月短信费至少一千元。

我在发短信的过程中，通常不会转发别人的，而是尽量用自己原创的，并且力求简洁明了，尽量保证短信内容会给对方产生哲理性的影响，这样做会增加自己的人气。

（2）用爱心活动开拓客户

这是我以及我团队现在喜欢做的事情。我一直鼓励我的伙伴们去很多地方做义工，比如寺庙、教堂、社团等。在义工服务的路上，一样可以认识很多人，我自己也非常非常喜欢用爱心活动来开拓客户。

在爱心活动中，我们可以体会到：有时候单靠捐助，力量太小

了，一个人最了不起的还是要靠自救。我们要让越来越多富有爱心的人知道，在捐助的同时，也要了解保险的功用。

我做爱心活动，绝对不会一个人做，我会发动一群人跟我一起做，这也是间接的主顾开拓。

（3）用微博评论开拓客户

我的微博是努力在经营的，从开通微博开始，我就许下一个承诺，一定要通过微博给大家分享一些具有正能量的信息。现在，每天早晨8点半左右，我都会发一条微博与大家一起分享。

我将我的微博定位为一个正能量的中心。经过四年实实在在的经营，我在微博上认识了很多客户。

我是如何做到的呢？名人上微博都是实名制，搜索并关注他。关注他以后，我经常去他的主页看他的观点和论述，然后去赞美他。只要不断地肯定他、赞美他、欣赏他，他一定也会以同样的方式对待我们。通过这种方法，我在微博上面认识了很多人，影响力也在逐渐增加。

在使用微博方面，大家要记住几点：第一，微博要用实名制；第二，想办法把你的微博加"V"，只要你有真实身份，找官方都能加"V"；第三，加"V"以后，你关注别人，别人会比较看好你；第四，一定要有头像。

微信就更容易开拓客户了。微信怎么开拓客户？要做的事情就是让跟你关系好的人把你拉到别的群里面。

不要轻易推销保险，那样别人很快就会把你踢出去。最初的一段时间可以发一些人生哲理和小故事，与大家一起做简单的分享，或者大部分时间尽量不要说话。

但是偶尔一两次，比如说儿童节快到了，我会在一个妈妈群里，准备上百份送给小朋友的礼物，搜集他们的名字、地址、电话，然后把礼物一一寄过去。不管别人要不要，起码你做了这项服务。

（4）用摄影开拓客户

在参加一些活动的时候，我很喜欢帮别人拍照。拍完照以后，我让秘书从网上买了一堆相框，女士用白色的框，男士用棕色的框。聚会之后的第二天，我就会安排助理把照片洗出来放进相框里，然后给客户送过去，如果不方便送达，就邮寄给客户。

（5）用读书成长开拓客户

除了在保险业增加技巧的学习，我们也要花点钱、花点时间，到一些学校去读书。我这几年都在厦大读书，才读一年多的时候，主动找我买保险的同学已经有七八个人，累计规模保费已达两百多万元。

因为我自己所说的第一句话和所做的第一件事都是从服务开始的，大家就很认同我。我们每个月上一次课，在课间，我都会带领大家活动一下，用平时从工作中学到的一些小游戏和大家一起互动，氛围非常好。

在捐班费的时候，五千元起捐，我多捐了一万元。在公布班费的时候，大家都会认可我的付出。

我找班主任要到了班上所有同学的生日，每当同学过生日，我都用行销系统发一条短信,告诉同学们今天是谁的生日,让大家一起祝福他。发完以后,我会再给过生日的同学单发一条。如果我觉得这个人挺不错的,我还会提前给他准备礼物。

通过很多乐于付出的事情,我得到了同学们的认可。去年,一个客户在我这里买了一个1.5亿元的"护身福",是我的同学,主动找我谈的,这也是目前平安最大保额的保单。

(6)用商家互动开拓客户

我负责约我的客户到现场,请吃饭、送礼物全部由商家负责,但我要求商家让其他渠道邀约到场的客户签到,并提供名单给我。拿到这份名单后,我回去会马上录入电脑,并进行短信开拓。

(7)用礼品行销开拓客户

我的车后备厢装满了各式各样的礼品,我到哪里都带着礼物,要学会广交人脉,广结善缘,这是大家作为保险营销人员一定要做的。

如果你真的没有车,嫌礼品太贵重,可以准备一个红包,红包里面是十张连号一角纸币。每天带五六个红包,看见别人就给一个,没有人会拒绝收。我的车后备厢也有一叠红包,跟别人广结善缘,才几元,你还是花得起的。

(8)用车主活动开拓客户

车主活动和商家互动都是我的团队成员和我一起做的。我们每个月举办一次车主联谊会,我让我的伙伴想尽办法与车行、洗车厂、修理厂建立联系，寻找车主名单。

现在我收集的名单里已经有近三万个保时捷、宝马、奔驰的车主，逢年过节，我同样会发短信给他们。到关键时刻，我就会约一些人来参加活动。因为这些人比较高端，我都会选择高端的活动再进行邀约，以匹配他们的身份，以免带给他们不好的感觉。通过这些活动，我就会慢慢结识这些人。

（9）用各种社团开拓客户

做保险的人一定要记住一件事情——加入各种社团，且至少是会员。比如，你是在上海的外地人，当地一定有各大商会，你就要成为里面的会员，会员费用并不多，如果有条件就成为理事，更高一级则成为副会长。我有很多保单就产生于我加入的各大商会。

在这方面存在一种情况，就是入会时候因某种原因，以别的企业名义加入商会的，到后期不方便再说自己是做保险的，这就需要你具有舍得的精神。可以不计报酬，定制一份礼物，上面印有保险公司的标志，也有你的名字，然后将这份礼物送给每个会员、会长和理事，这样不必言说，人们也会知道你在做保险。

（10）用感恩晚宴开拓客户

每年我都会举办一场感恩晚宴，每年感恩晚宴的主题都不一样。私人晚宴都是在五星级酒店举办的，规格都很高，让客户有无比尊贵的感觉。但需明确的是，在每年的感恩晚宴上，我都不讲保险，纯粹把它做成一个回馈、感恩，以及为客户提供交友资源的共享平台。

如何利用感恩晚宴开拓客户呢？我做这个活动的时候，都会让客户到现场，包括老客户、准客户、朋友介绍的朋友等。把这些人集中起来进行批发式的服务之后，接下来的一年中，你拜访这一批人就足够了。

总结与感悟

（1）营销伙伴们之所以在主顾开拓方面出现问题，主要就是以下这几个原因

　　缺方法：缺少有效地重复开发的经营方法

　　缺动作：缺少符合客户个性化需求的经营动作

　　缺方式：缺少符合客户心理的营销模式

　　缺拜访：缺少高频率的回访

（2）通过上述 10 种主顾开拓的方式，相信营销伙伴们已经不再缺少方法

在掌握方法之后，需要做 3 件事：

完善符合个性化需求的经营动作

寻找符合客户心理的营销模式

高频率的回访

相信大家通过以上的服务案例，仔细回味其中的方法，一定能做好这三件事，并有所收获。